Karin Ammann

# Time-out
# Ausstieg auf Zeit

**So klappts mit Job, Geld, Wohnung**

D1677682

**Beobachter**

Karin Ammann, lic. phil. I, ist freiberuflich als Referentin, Projektleiterin und Publizistin tätig. 2002 verfasste sie den ersten Time-out-Ratgeber für die Schweiz (vergriffen). Vorher arbeitete die Psychologin in einer Unternehmensberatung, bei einem Angestellten-Verband sowie in der Gesundheits- und Marktforschung.

Autorin und Verlag bedanken sich für den fachlichen Input und die Durchsicht des Kapitels «Recht und Versicherungen» bei den Beobachter-Expertinnen Gabriela Baumgartner und Laurence Eigenmann.

Für wertvolle Hinweise dankt die Autorin:
Frank Ammann, Christiane Gutknecht, Angela Herrigel, Yolanda Kopp, Hans Ulrich Locher, Carin Mussmann und Ivars Udris.

Beobachter Buchverlag
© 2005 Jean Frey AG, Zürich
Alle Rechte vorbehalten
www.beobachter.ch

**Herausgeber:** Der Schweizerische Beobachter, Zürich
**Lektorat:** Christine Klingler Lüthi, Wädenswil
**Fachlektorat:** Irmtraud Bräunlich Keller, Beobachter-Beratungszentrum, Zürich
**Umschlaggestaltung:** Matter & Partner, Zürich
**Satz:** Focus Grafik, Zürich

ISBN 3 85569 312 9

Dieses Buch wurde auf chlor- und säurefreiem Papier gedruckt.

# Inhalt

# Vorwort

*Nichts ist stärker als eine Idee,*
*deren Zeit gekommen ist.*

Viktor Hugo

Am Anfang stand mein erstes Time-out. Doch wie angehen? Es fehlte das passende Buch – ich schrieb es selbst. Neun Monate später lagen 332 Seiten vor: ein Mix aus lustvoller Ideensammlung, Entdeckungsreise und Handlungsanleitung. Die Reaktionen waren zahlreich, ebenso häufig der Ruf nach mehr: «Gibt es eine Kurzfassung?», «Könnten Sie nicht über das oder jenes berichten?», «Wann erscheint die Fortsetzung?».
Drei Jahre zogen ins Land, gefüllt mit Lesungen, Vorträgen und Workshops. Ich nahm ein weiteres Sabbatical, wechselte die Stelle und verfasste den Ratgeber, den Sie nun in Händen halten. Er richtet den Fokus auf die berufliche Auszeit. Zudem greift er aktuelle Entwicklungen auf. Der Text konzentriert sich auf die Hauptpunkte: Finanzierung, Organisation, Recht und Versicherungen. Ergänzt werden diese durch Beispiele, Tipps und Checklisten.
Time-out – nur ein Traum? Verschiedene Beispiele zeigen: Es klappt! Ich wünsche Ihnen Spass beim Lesen, Fantasieren, Ausprobieren. Und immer wieder Gelegenheit für einen Ausstieg auf Zeit.

Karin Ammann
Aarau, März 2005

# Der Ausstieg lockt

Dem Alltag den Rücken kehren, sich aus dem Job ausklinken, die Seele baumeln lassen. Reisen, malen, nichts tun. Mehr als die Hälfte der Erwerbstätigen träumt von einer Auszeit, von einem Time-out. Was steckt dahinter? Für wen ist so ein Abenteuer gedacht? Wie stellt sich die Arbeitswelt dazu? Dieses Kapitel vermittelt einen ersten Überblick und soll Ihre Neugier wecken!

## Time-out: Was ist das?

Time-out boomt! Das Wort taucht überall auf. Bekannt ist es aus dem Sport, der Unterhaltungsindustrie und aus der Informatik. Aus dem Englischen übersetzt bedeutet Time-out Unterbruch oder Auszeit. Im Zusammenhang mit dem Beruf kommt häufig der Ausdruck Sabbatical vor. Er geht auf das Hebräische zurück und bezeichnet die alttestamentarische Tradition, die Felder nach sechs Jahren Bewirtschaftung ein Jahr brachliegen zu lassen. In der modernen Arbeitswelt versteht man darunter eine drei- bis zwölfmonatige Freistellung vom Job. Ziel: Entspannung, Ausgleich, Kraft tanken.

**Die Bedeutung des Begriffs**

### Öfters mal Pause

«Was, du steigst aus. Fährst in die Karibik, einfach so!?» Was zunächst tollkühn wirkt, ist beim genauen Hinsehen halb so wild. Im Gegenteil: Wenn sich die Arbeitszeit verlängert, die Rente während 50 Jahren verdient sein will, erscheint es nur logisch, dass es zu Unterbrüchen kommt. Vielleicht etablieren sich dereinst regelmässige Erholungspausen, zwischen 17 und 67?
Im Gegensatz zu früher sind Sonderurlaube heute nicht mehr bestimmten Kreisen vorbehalten, einzelnen Berei-

chen (Erziehung, Soziales, Gesundheit) beziehungsweise Berufsgruppen (Piloten, Professorinnen, Lehrer). Und es sind beileibe nicht nur Spinner, beruflich Gescheiterte oder Frustrierte, welche ein solches Vorhaben in Erwägung ziehen. Vielmehr handelt es sich um mutige Avantgardisten, die erkannt haben, dass ihre Reserven nicht unerschöpflich sind.

Nicht nur für Exzentriker

Die Palette reicht vom Lehrling bis zum Fussballtrainer, von der Hausfrau bis zur Managerin. Sie alle möchten mal was ganz anderes tun; nicht nur spurten, rennen, Privates vernachlässigen!

## Akzeptanz in der Arbeitswelt

Trotz klassischer Lebensläufe begeistert sich eine Vielzahl von Menschen für Ausgefallenes. Sie gehen einem exotischen Hobby nach, suchen den Kick beim Bungee-Jumping, brechen für einmal aus. Der Adrenalinstoss überträgt sich auf den Job. Wer die Zeitung aufschlägt, liest nahezu täglich von Führungskräften, die sich halsbrecherischer Touren rühmen, die Expedition zum Südpool als Schlüsselerlebnis preisen.

Auf der Suche nach dem Einmaligen

Zur steigenden Akzeptanz von Auszeiten tragen drei Entwicklungen bei:

- Das Abrücken von einer einseitigen, falsch verstandenen Arbeitsethik, welche Arbeit mit Leben gleichsetzt, hundertprozentigen Einsatz fordert, jederzeit und überall.
- Die Aufwertung der so genannten Work-Life-Balance; der Kunst, zwischen Beruf und Privatleben einen Ausgleich zu schaffen, Büro und Freizeit in Einklang zu bringen.
- Die Firmentreue als wieder entdeckter Wert. Unternehmen versuchen vermehrt, innovative Kräfte zu halten, gewähren ihnen Entfaltungsmöglichkeiten (zum Beispiel in einem Kreativurlaub). Resultat: Eine geringere Kündigungsrate, Mitarbeitende binden sich enger an den Betrieb.

Rund zwei Prozent der Schweizer Unternehmen kennen vertragliche Grundlagen für Langzeiturlaube, Tendenz steigend. Im Ausland (USA, Niederlande, Dänemark), bei internationalen Konzernen oder der öffentlichen Hand haben sich Time-outs längst eingebürgert. Neu ziehen auch kleinere und mittlere Betriebe nach. Diverse Branchen experimentieren mit Zeitkonti (siehe Seite 38), flexibler Arbeitszeit oder Sonderregelungen. Der Bau richtet Zusatzferien aus, Universitäten Freisemester, Banken Sabbaticals für Kader. Ein Rückversicherer formuliert den Grundsatz: «Unbezahlter Urlaub wird für minimal zwei Wochen bis maximal zwei Jahre gewährt – sofern es die betrieblichen Interessen erlauben. Über ein Gesuch entscheiden die zuständigen Vorgesetzten im Einvernehmen mit der Personalabteilung.»

Indes: Auf dem Tablett serviert wird einem diese Option nicht. Zahlenmässig konzentriert sie sich nach wie vor

## Begriffe und ihre Bedeutung

Begriffe rund um die Phänomene Arbeit, Zeit, Pause gibt es zahlreiche. Die Mehrzahl stammt aus den USA. Ohne Wörterbuch lässt sich die Diskussion kaum noch verfolgen. Hier eine Übersetzungshilfe für die gebräuchlichsten Bezeichnungen:

| | |
|---|---|
| **Time-out** | Unterbruch, bewusste Distanz zu Beruf, einer intensiven Tätigkeit oder Aktivität. Variantenreiche Gestaltung, Mindestdauer: drei Monate. |
| **Burn-out** | Ausgebrannt-Sein: Zustand totaler Erschöpfung (bedingt durch Verausgabung in Job, Haushalt oder Sport). Das Time-out wird zur Notfallintervention. |
| **Chill-out** | Freiwilliger Boxenstopp, Ausdruck der Technoszene, propagiert Abkühlen, Ausruhen, Wechsel von Spannung zu Entspannung. |
| **Downshifting** | Herunterschalten. Trend: Mehr Zeit für sich und andere einräumen. |
| **Hurry Sickness** | Gehetze-Krankheit: Leiden an Tempowahn, Leistungsdruck und falscher Dynamik. |
| **Slobbies** | Abkürzung für *slower but better working people*. Idee: Langsamer und wirkungsvoller arbeiten. |

auf Kaderleute, Werktätige mit Gestaltungsfreiraum (Medien, Informatik) oder Saisoneinsätzen (Hotellerie, Sport). Wer ohnehin privilegiert ist, kommt rascher zum Zug: Je höher der individuelle Marktwert (gefragte Fähigkeiten, guter Name), je ausgeprägter die persönliche Unabhängigkeit (keine Unterstützungspflicht, fitte Eltern, wenig Aufwand für Haus und Garten), desto eher beansprucht jemand ein Time-out. Was es braucht, damit Sie eine Auszeit erfolgreich durchsetzen können, erfahren Sie im Kapitel «Planung: Jetzt wirds konkret» (Seite 29).

## Von Ausland bis Zen: die Möglichkeiten

Für die einen ist ein Time-out etwas Spezielles, das sie höchstens ein- bis zweimal realisieren. Andere halten öfters inne. Ob aussergewöhnlich oder wiederkehrend, diese Zeit gehört allein Ihnen! Und sie lässt sich unterschiedlich verbringen. Nicht immer muss es eine Kreuzfahrt sein. Einfache Formen – Wandern, Lesen, Musizieren – gehören ebenso dazu. Wenngleich sechs Varianten hervorstechen:

**Zeit für sich**

- Auslandaufenthalt
- Reisen
- Bildungsurlaub
- Sozialzeit
- Gleitender Übergang in den Ruhestand
- Auszeit von der Familie, der Politik oder einem Nebenamt.

Im Kapitel «Was darfs denn sein?» (Seite 30) finden Sie die einzelnen Varianten ausführlich beschrieben. Oft lockt eine Kombination: Sprachkurs auf Zypern, Safari vor der Rente, Himalaja-Trekking mit Jugendlichen.

## Erfahrungsbericht: Überraschende Freiheit

Vier Wochen Ferien zwischen zwei Stellen! Mirja, 22, freute sich auf den Job in der neuen Filiale eines Einrichtungsgeschäfts. Die Ferien dazwischen verbrachte die Verkäuferin in Frankreich. Dort erreichte sie der Anruf des zukünftigen Arbeitgebers. Verzögerungen, Lieferrückstände ... Ob sie später beginnen könne? Mirja berichtet:

■ *Klar, zunächst ärgerte ich mich. In Gedanken hatte ich mich bereits in einem gestylten Laden gesehen, umgeben von lauter schönen Dingen. Dann überschlug ich die Finanzen und beschloss, das Ersparte einzusetzen: für eine Auffrischung der Branchenkenntnisse, Kurse an der Volkshochschule. Vom zukünftigen Arbeitgeber erhielt ich nach hartnäckigem Drängen eine Entschädigung. Mein Vater steuerte ebenfalls etwas bei, zum Geburtstag. Insgeheim rechnete ich mit einer Auszeit von drei Monaten. So lange wurde sie dann auch. Ich betrachtete das Intermezzo als geschenkte Zeit. Zwölf Wochen frei, ausruhen, Anschluss gesichert. Daraus wollte ich was machen! Schrieb mich für zwei Seminare ein (Architektur und Design). Morgens ging ich joggen, am Nachmittag durchstreifte ich die Stadt, studierte die Schaufenster der Konkurrenz. Wenn mir ein Laden gefiel, blieb ich stehen, sondierte Ausstattung, Präsentation und Preise. Manchmal verwickelte ich den Filialleiter in ein Gespräch. Die zukünftige Chefin staunte nicht schlecht, als ich kurz vor Stellenantritt aufkreuzte: topinformiert, voller Tatendrang.* ■

## Das bringt ein Ausstieg auf Zeit

Die Stressforschung hats bewiesen, nun gilt es auch in der Betriebswirtschaft als Fakt: Längere Pausen dienen der Produktivität eines Unternehmens. Motivation, Leistung und Kreativität der Mitarbeitenden steigen – wichtige Eigenschaften im Zeitalter der Technologisierung. Nicht zu vergessen der Einfluss auf die interne Kultur – Umstellfähigkeit, Toleranz und interkulturelle Verständigung werden geschätzt.

**Pausen zahlen sich aus**

Vom positiven Effekt auf die Gesundheit profitiert auch die Allgemeinheit. Ausreichend Schlaf, frische Luft sowie persönliche Erfüllung wirken wie ein Jungbrunnen. Und entlasten die Staatskasse: Gemäss einer nationalen Untersuchung kosten stressbedingte Fehlzeiten sowie die medizinische Versorgung hierzulande jährlich 4,2 Milliarden Franken. Laut der Weltgesundheitsorganisation WHO gehört die Behandlung von Stressfolgeerkrankungen zu den bedeutendsten Kostentreibern im Gesundheitswesen. Freiwilliges Zurückschrauben, vor dem Burn-out, spart demnach viel Geld.

Am meisten schaut jedoch für die Auszeiterinnen und Auszeiter selbst heraus. Neben dem persönlichen Wohlbefinden steigt das Ansehen. Geschickt platziert gibt ein Time-out der Karriere unerwarteten Drive. Die Rückkehrer gelten als risikobereit, flexibel und begeisterungsfähig. Haben sich ausgeruht, den Horizont erweitert, Grenzen gesprengt. Gute Voraussetzungen für den Sprung nach oben!

Wenn Sie mit einer Auszeit liebäugeln: Was erhoffen Sie sich persönlich davon? Schliessen Sie die Augen. Malen Sie sich aus, wie es sein würde, wenn… Klopft das Herz, kribbelt es in den Beinen? Welche Gedanken schwirren durch Ihren Kopf? Halten Sie das Bild fest, holen Sie es hervor: vor dem Einschlafen, beim Aufstehen, unter der Dusche. **Wie sieht Ihr Traum aus?**

## Für wen eignet sich dieses Buch?

Wenn Sie dieses Buch herausgegriffen haben, möchten Sie mehr zum Thema wissen, tragen sich mit dem Gedanken eines Langzeiturlaubs oder kennen gar einen Weltenbummler. Wer aber kann ein Time-out nehmen? Grundsätzlich jede und jeder! Die Realisierung hängt von den Umständen ab – und von Ihrer Entschlossenheit, die Idee zu verwirklichen. Welche Möglichkeiten **Der Idee Gestalt geben** sich anbieten, wie Sie sich vorbereiten, wie Sie Ihren Arbeitgeber für den Plan gewinnen und welche Fallstricke zu überwinden sind – das finden Sie in diesem Buch beschrieben. Ausführungen zu den Finanzen, zu rechtlichen Aspekten und Versicherungsfragen sowie Erfahrungsberichte runden das Thema ab. Im Anhang gibt es nützliche Checklisten, Musterbriefe und -vereinbarungen sowie ausgewählte Adressen.

Dieses Buch richtet sich nicht an eine bestimmte Alters- oder Interessengruppe. Angesprochen sind vielmehr Reisehungrige, Fernwehgetriebene, Pausenreife. Solche, die **Gepackt vom** von einem Boxenstopp träumen oder ihn bereits pla-**Time-out-Virus** nen. Vergleichen Sie das Ganze mit einem Virus: Je stärker die Sehnsucht nach der Südsee, je drängender die Lust auf eine Weiterbildung, je konkreter das Projekt «Hausbau», desto ansteckender wirkt es – vielleicht auch auf Ihr Umfeld!

### «Himmel und Hölle»

Kennen Sie das Spiel «Himmel und Hölle»? Mit Kreide werden bunte Felder auf den Asphalt gemalt. Wer richtig hüpft, keine Markierung auslässt, Gleichgewicht und Abfolge beachtet, erreicht das Ziel. So klar vorgezeichnet ist er nicht, der Weg zum Time-out. In der Regel braucht es mehr als einen Versuch. Dafür landet man **Schritt für** nicht gleich im Abseits, kann mehrmals Anlauf holen.
**Schritt zum Ziel** Nebenan finden Sie eine Illustration – als Vorschau auf das, was Sie in diesem Ratgeber erwartet. In welcher Reihenfolge Sie die einzelnen Stationen ansteuern, Abklärungen und Vorbereitungen treffen, steht Ihnen frei: Hauptsache vorwärts!

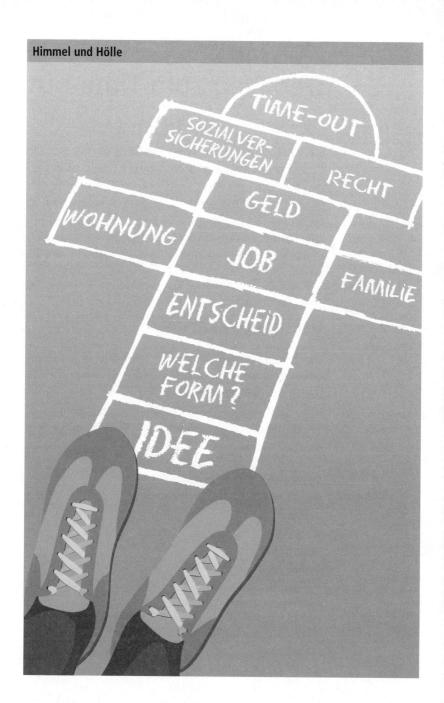

# Nur Mut!
# Der Weg zum Time-out

Sie haben nun einen ersten Eindruck davon, was ein Time-out umfasst. Jetzt stellt sich die Frage: Ist das etwas für mich? Wann, in welcher Form? Welche Hindernisse gilt es zu überwinden, welche Schwierigkeiten zu meistern? Wo liegen die Vor- und Nachteile eines solchen Unternehmens? Um diese Fragen kreist das folgende Kapitel. Es verschafft Klarheit und erleichtert die Entscheidung.

## Der richtige Zeitpunkt

Das Leben ist spannend, nicht alles lässt sich vorhersehen. Eine Reise ergibt sich spontan, ein Kreativurlaub bahnt sich langsam an, muss erst reifen. Und wer erkennt, dass Erschöpfung droht – körperlich, mental –, beugt lieber rechtzeitig vor, zum Beispiel mit einem Ausstieg auf Zeit.

### Time-out statt Burn-out
Lieber zu früh als zu spät! Eine erste Auszeit empfiehlt sich fünf Jahre nach dem Einstieg ins Erwerbsleben, wenn der Enthusiasmus verflogen und die Luft noch nicht ganz raus ist. «Time-out vor dem Burn-out» lautet das Schlagwort. Dahinter verbirgt sich die Idee, rechtzeitig einen Gang herunterzuschalten – bevor Einschneidendes geschieht, der Körper Alarm schlägt, einem die Wahl abnimmt. Denn obgleich die Zahl der Berufskrankheiten insgesamt zurückgeht, klagt mehr als die Hälfte der Bevölkerung über psychosozialen Stress am Arbeitsplatz. Am ehesten äussert sich dies in Nervosität, Reiz-

barkeit oder Muskelverspannungen. In einem späteren Stadium führt das «Ausgebrannt-Sein» zu körperlicher, geistiger und emotionaler Erschöpfung. Die Hauptursache liegt bei der Verausgabung im Job, oft bedingt durch die Umgebung oder allgemeine Faktoren. Ein Langzeiturlaub zum richtigen Zeitpunkt kann dieser Entwicklung entgegenwirken.

## Umbruchsituationen

Ein Time-out eignet sich speziell dann, wenn sich ohnehin eine Änderung abzeichnet: Karrieresprung, Familiengründung, Bilanz um die Lebensmitte. Zu den klassischen Situationen zählen ausserdem: der Abschluss einer Ausbildung, ein Dienstjubiläum (zehn Jahre in der gleichen Firma) oder die nahende Pensionierung. Zu den persönlichen Meilensteinen gehört die Neuorientierung nach einer Krise oder Trennung. Sie haben die Nase voll, der Trubel nervt, der Alltag sowieso. Im besten Fall regt sich Lust, Kraft für Neues – und deckt sich mit einem lang gehegten Wunsch!

Was ist nun aber, wenn die Abenteuerlust vorhanden, der Zeitpunkt jedoch der falsche ist? Der Lohn knapp reicht, die Kinder studieren, die Hypothek drückt? Die wenigsten Eltern können ihre beruflichen Einsätze auswählen, auf die gemeinsame Agenda abstimmen und obendrein Reserven bilden. Lassen Sie sich nicht unterkriegen! Aufgeschoben heisst nicht aufgehoben. Und bis es klappt, bauen Sie sich kleine Erholungsinseln: in Gedanken, mittels Tagträumen sowie durch längere Ferien.

*Eine Auszeit lässt sich nicht erzwingen*

# Sinn und Zweck

Der Zeitpunkt lässt sich selten von der Funktion eines Time-out trennen. Ganz selten nur gibt es Kurzschlusshandlungen, häufig handelt es sich um ein bewusstes Innehalten, mit unterschiedlichem Zweck:

- Pause, Standortbestimmung (zwölf Jahre im Verkauf, zehn Jahre in Betrieb X)
- Aufhebung einer Blockade (körperlich, mental; zum Beispiel im Sport, bei kreativen Tätigkeiten)
- Verarbeitung eines kritischen Ereignisses (Entlassung, Krankheit, Tod)
- Anlauf zu Neuem (Führungsfunktion, Teilzeitpensum, Ruhestand)
- Überbrückung (vor der Rekrutenschule, nach der Matura, zwischen zwei Stellen)
- Testlauf für eine zukünftige Lebensweise (Übernahme des Haushalts, häufiges Unterwegs-Sein, Auswanderung).

Wie sieht es bei Ihnen aus? Legen Sie das Buch zur Seite und notieren Sie, was Ihnen zu den folgenden Fragen einfällt:

- Was überwiegt: der Drang auszubrechen, das Bedürfnis nach Distanz, ein konkreter Nutzen?
- Kündigt sich eine Wende an, beruflich oder privat? Möchten Sie diese Entwicklung beeinflussen? Wie könnte eine Auszeit dabei dienlich sein?

## Auslöser

Nicht immer verläuft die Karriere aufwärts, steil nach oben. Mit Brüchen, Umkehr und Neuorientierung muss gerechnet werden. Dies beobachten auch Laufbahnberater, wenngleich Time-outs in ihrem Standardangebot fehlen. Der Laufbahnberater Erik, 43, schildert die Erfahrung seiner Klientinnen und Klienten so:

■ *Wer direkt ein Sabbatical ansteuert, geht in eine Buchhandlung, surft im Internet oder informiert sich im Freundeskreis. Zu mir hingegen kommen Klientinnen, bei denen ein Unterbruch droht oder bereits eingetreten ist. Häufig wird jemand unsanft mit einem Problem konfrontiert. Ein Manager erzählte, er fühle sich wie ein Leuchtturmwärter, «viel Horizont, wenig Zukunft».*

*Die Gründe für einen Zwischenhalt? Äussere Anstösse, ein innerer Impuls und nicht zuletzt der berühmte Kick: Verkauf des eigenen Geschäfts, Berufung nach Übersee, eine unerwartete Erbschaft. Oder eine Altersgrenze ist erreicht, eine Anmeldefrist rückt näher, der Eingabeschluss für ein Stipendium. Manchmal prallen mehrere Faktoren zusammen, die Ereignisse überschlagen sich. Man will es nicht länger aufschieben, stürzt zum Flughafen, löst ein One-Way-Ticket.*

*Ob freiwillig oder unfreiwillig – das ist oft eine Frage der Perspektive. Das ist doch nicht dasselbe, sagen viele: herbeigesehnte «Time» oder auferlegtes «Out»! Ob man Venedig entgegenfiebert, die Kündigung erhält oder zur Kur muss. Der Unterschied besteht indes weniger darin, ob es sich um eine eigene Idee handelt oder ob einem die Auszeit aufgezwungen wird. Ausschlaggebend scheint vielmehr, ob der Anlass positiv oder negativ gefärbt ist – und wie sich die Rahmenbedingungen ausnehmen. Rückblickend sind viele froh, dass etwas geschah – ein Schnitt, eine Ablösung, Neuausrichtung.* ■

## Kernfragen zum Job

Sie werden im Leben rund 10 000 Tage arbeiten. Grund genug, den Job genauer unter die Lupe zu nehmen. Gehen Sie die acht Kernfragen durch und halten Sie Ihre Gedanken dazu fest.

- Wie sieht meine berufliche Situation aus? Was stimmt, womit habe ich Mühe?
- Bin ich angemessen gefordert? Wo droht Über- oder Unterforderung?
- Ist meine Motivation intakt? Was beflügelt, was bremst mich?
- Kann ich Ideen einbringen, Visionen verwirklichen?
- Was ist aus meinen ursprünglichen Zielen geworden? Sind sie realisiert, auf der Strecke geblieben?

**Kleine Standortbestimmung**

- Was kann ich ändern? Worauf habe ich keinen Einfluss (Belastung, Druck von aussen, Chefwechsel)?
- Steht ein Richtungs-, ein Stellenwechsel an?
- Wenn ich die Antworten betrachte: Was könnte ein Time-out bringen?

## Ruf Ihres Herzens

Wenn Sie dem Ruf Ihres Herzens folgen, was drängt sich auf? Deckt es sich mit diesen Fragen?

- Wie riecht der Frühling?
- Kann Licht jubeln, Freiheit rufen, Langeweile schreien? Tun Sie es?
- In welchen Momenten vergesse ich meinen Namen?
- Ist Glück unverschämt? Muss man es sich holen?
- Wann habe ich das letzte Mal laut gelacht?
- Brennt das innere Feuer noch?
- Spüre ich, dass ich lebe?
- Was hindert mich daran?

**Die Freude zurück gewinnen**

Die Antworten widerspiegeln Ihre Befindlichkeit, vom diffusen Unbehagen bis zur Resignation. Bevor es soweit ist: Hören Sie auf die innere Stimme! Vielleicht steckt mehr hinter dem fehlenden Antrieb, der zunehmenden Lustlosigkeit, ja Wut. Was haben Sie sich nie gegönnt? Wo ist Ihr Fernweh begraben? Auf welche Leidenschaft, auf welches Hobby verzichten Sie seit Jahren? Was führt Sie zurück, zu Leichtigkeit und Genuss?

## Vorsicht vor falschen Erwartungen

An dieser Stelle blinkt kurz eine Warnlampe auf. Sie will vor Augen führen, was ein Time-out kann und was nicht. Anders als im Märchen von Ali Baba gibt es im richtigen Leben kein Sesam-öffne-dich, das alle Türen und Pforten knackt. Ein Time-out bewirkt weder Umwälzendes noch Grossartiges (geschweige denn unermesslichen Reichtum). Es löst nicht alle Probleme und schon gar keine Sinnkrise. In den seltensten Fällen bringt

**Denkpause**

es die rettende Geschäftsidee, eine erfüllende Beziehung oder ein neues Ich hervor. Allein auf eine Auszeit zu setzen, wäre die falsche Strategie. Hingegen kann ein Time-out Anlass sein, die Ursachen für einen unbefriedigenden Zustand zu ergründen – und eine Kehrtwende einzuleiten.

Falsche Hoffnungen können ebenso ins Auge gehen wie Flucht oder eine erzwungene Übung: wenn Sie sich dazu gedrängt fühlen (Status, Image), ein Sabbatical als **Auszeit um-** Entschädigung herhalten muss (für die geplatzte Be- **sichtig angehen** förderung) oder dazu dient, die eigentliche Sachlage zu vertuschen (Rauswurf, Kündigung, Stellensuche). Zur Veranschaulichung ein Vergleich mit dem Spiel «Himmel und Hölle» aus dem vorigen Kapitel: Wer auf einem Bein loshüpft, überdreht schnell, verliert das Gleichgewicht, gerät ins Abseits. Unter Umständen dorthin, wo er gar nicht hinwollte… Grund genug, die Auszeit sorgfältig anzugehen!

## Die Idee gewinnt Konturen

Falsche Erwartungen an ein Time-out erkennen ist das Eine. Die Ergründung der Motive, der wahren Ziele das Andere. Wer kein Ziel hat, segelt mit dem Wind! Ein Ziel leuchtet am Horizont, überzeugt den Chef, trägt dazu bei, Schwierigkeiten zu überwinden. Ein angepeiltes **Ein Ziel** Handelsdiplom zum Beispiel hilft Durststrecken auszu- **spornt an** halten, Verzicht und Mehraufwand zu leisten. Anders formuliert: Unruhe entfacht das Feuer, die Aussicht auf Verwirklichung (inklusive Aufstieg, Lohnerhöhung) lässt es weiterbrennen.

### Motive ergründen

Was steckt als tiefere Absicht hinter einem lang gehegten Traum? Dem Wunsch, an einer Rallye teilzunehmen, das UNO-Projekt durchzuziehen, den Spanischkurs zu

## Meine Erwartungen an ein Time-out

Welche Erwartungen setzen Sie in einen Boxenstopp?
Studieren Sie die Tabelle und bewerten Sie die Aussagen mit einem Kreuz.

1 = trifft überhaupt nicht zu

2 = trifft eher nicht zu

3 = kann zutreffen

4 = trifft mehrheitlich zu

5 = trifft hundertprozentig zu

| | 1 | 2 | 3 | 4 | 5 |
|---|---|---|---|---|---|
| Es reizt mich, herauszufinden, was ich will (als Mensch, als Lehrerin etc.). | ❑ | ❑ | ❑ | ❑ | ❑ |
| Materielle Sicherheit ist mir wichtig; sie darf durch ein Time-out nicht gefährdet werden. | ❑ | ❑ | ❑ | ❑ | ❑ |
| Mein Einsatz muss einen gemeinnützigen Aspekt haben (für Flüchtlinge, Opfer von Naturkatastrophen etc.). | ❑ | ❑ | ❑ | ❑ | ❑ |
| Das Resultat soll der Karriere dienen. | ❑ | ❑ | ❑ | ❑ | ❑ |
| Ich möchte mich weiterbilden (beruflich, privat). | ❑ | ❑ | ❑ | ❑ | ❑ |
| Freizeit und Hobby sollen im Zentrum stehen. | ❑ | ❑ | ❑ | ❑ | ❑ |
| Gesundheit und Erholung sollen im Zentrum stehen. | ❑ | ❑ | ❑ | ❑ | ❑ |
| Ich möchte meinen Wohn-/ Aufenthaltsort verändern. | ❑ | ❑ | ❑ | ❑ | ❑ |
| Ich möchte das Time-out zu Hause verbringen. | ❑ | ❑ | ❑ | ❑ | ❑ |
| Ich möchte die Auszeit mit der Partnerin, der Familie verbringen. | ❑ | ❑ | ❑ | ❑ | ❑ |
| Ich möchte das Time-out ganz für mich allein verbringen. | ❑ | ❑ | ❑ | ❑ | ❑ |
| Ich möchte Neues erleben, Unbekanntes ansteuern. | ❑ | ❑ | ❑ | ❑ | ❑ |
| Ich möchte Dinge tun, die im Alltag zu kurz kommen. | ❑ | ❑ | ❑ | ❑ | ❑ |
| Ich möchte mich auf eine neue Lebensphase vorbereiten (Job, Familie, Beziehung). | ❑ | ❑ | ❑ | ❑ | ❑ |

besuchen? Greifen Sie zum Fragekatalog auf der Seite nebenan («Meine Erwartungen an ein Time-out»). Die gewonnene Einsicht hilft, klug zu argumentieren, wenn es an die Umsetzung geht.

Wenn Sie die Tabelle ausgefüllt haben, gehen Sie folgenden Fragen nach:

- Zeichnet sich eine spezifische Art des Time-out ab (Reise, Bildungsurlaub, Sozialzeit)?
- Finden sich Hinweise zur Vorbereitung (Ort, Dauer, Ablauf)?
- Tauchen Widersprüche auf? Können Sie ein Vollzeitstudium beginnen, wenn der Fokus auf die Familie gerichtet ist? Macht es Sinn, Regenwälder aufzuforsten, wenn Sie eigentlich nicht wegfahren, sondern beruflich rasch aufsteigen möchten?
- Was muss ich zusätzlich abklären, mir präziser überlegen (strukturierter Rahmen, Finanzen, Zeithorizont)?

Ihre Erkenntnisse können Sie einsetzen als Grundlage für die Kapitel «Planung: Jetzt wirds konkret» (Seite 29) und «Der Aufbruch naht: Organisation» (Seite 61). Doch zuvor noch ein Wort zu den Hindernissen und Schwierigkeiten – auch sie gilt es zu beachten.

## Schwierigkeiten und Ängste

Time-outs haben sich noch nicht wirklich eingebürgert. Klippen und Stolpersteine lauern überall. Job, Vorgesetzte oder Ämter können sich sowohl als Bremsklotz wie als gewaltige Unterstützung erweisen. Wichtig ist, die Fallstricke zu entdecken und ihnen mit einer klaren Haltung zu begegnen. Hindernisse lassen sich beseitigen, Zweifel ausräumen. Sortieren Sie aus: Welche Einwände sind berechtigt, welche nicht? Bin ich übervorsichtig, lasse ich mich zu sehr beeinflussen, ja kopfscheu machen? Es ist wie beim Sprung vom Zehn-Meter-Brett: Hinaufklettern, Anlauf holen und durch die Luft wirbeln müssen Sie allein. Dafür können Sie nachher den

**Auf Sie allein kommt es an**

Applaus einheimsen… Und falls Sie immer noch oben stehen, ängstlich aufs Wasser schielen, trösten Sie sich! Sie sind nicht die einzige – zeigen höchstens, dass Sie die Bedenken ernst nehmen.

Neben rationalen Überlegungen gibt es das «Bauchgefühl». Ängste beispielsweise äussern sich diffus, unberechenbar, oft im ungünstigsten Augenblick. Lokalisieren Sie die Verursacher (Vorgesetzte, Partnerin, Freund). Oder sind Sie selber die harte Nuss, welche erst geknackt werden muss? Handelt es sich um eine leise Ahnung, eine Gefahrenmeldung oder eine Halbwahrheit? Woher stammen die Argumente, wer pflanzt sie in Sie hinein? Gesellschaftliche Normen nehmen wir meist unbewusst auf. Einzelne Werte haben wir verinnerlicht, sie wirken im Stillen als so genannte Glaubenssätze. Drei Beispiele: «Chef-Sein bedeutet Verzicht», «Den Tüchtigen gehört die Welt», «Hochmut kommt vor dem Fall». Enttarnen Sie solch innere Widersacher, indem Sie sie aus dem Dunkeln holen, laut aussprechen. Prüfen Sie das Gehörte anschliessend auf seine Richtigkeit. Trennen Sie Ihre Meinung klar von den Befürchtungen anderer. Entsprechen die Einwände Ihrer Überzeugung, oder bilden sie den Versuch, Sie zurückzuhalten?

**Ängsten begegnen**

## Häufige Bedenken

Verdrängen schürt die Angst. Analysieren Sie sie nüchtern, die fünf Spitzenreiter der «Zitterparade». Was ist, wenn ich…

**So wappnen Sie sich**

1. trotz gegenteiliger Versprechen den Arbeitsplatz nicht zurückerhalte?
2. Aufträge verliere?
3. keine neue Stelle finde?
4. mir den USA-Trip nicht leisten kann?
5. zum Gespött der Kollegen werde?

Ruhig Blut, bei Lichte betrachtet wirkt manches halb so schlimm. Die Wahrscheinlichkeit des Jobverlusts ist gering, insbesondere wenn Sie die Rückkehr vertraglich vereinbart haben (mehr dazu im Kapitel «Was gehört in eine Vereinbarung?», Seite 73; Muster im Anhang). Zufriedene Kunden warten auch eine Weile. Und wenn Sie eine neue Stelle suchen: Die Entdeckungsreise lässt sich geschickt in den Lebenslauf integrieren. Wer bei einer Non-Profit-Organisation mitangepackt oder seine Spanischkenntnisse perfektioniert hat, verbucht garantiert Pluspunkte. Statt einer Lücke präsentieren Sie konkrete Aktivitäten; dies hebt Sie aus der Masse der Bewerbenden hervor und ist aussagekräftiger als ein 08/15-Zeugnis. Zum Kontostand: Wenn es bisher nicht zum grossen Geld gereicht hat, schaut es in zwei, drei Jahren vielleicht anders aus. Ausserdem braucht ein Time-out nicht kostspielig zu sein (vergleiche Kapitel «Geld: Wie finanziere ich ein Time-out?», Seite 49). Und auf das, was das Umfeld prophezeit, pfeifen Sie einfach! Neider, Miesmacher und Besserwisser trifft man an jeder Ecke. Wenn bereits eine Auszeit an Ihrem Ansehen kratzt, was passiert bei einer echten Krise?

Apropos Vorurteile: Treten Sie diesen entschieden entgegen. Aussteigerinnen sind weder rücksichtslos noch unbeirrbare Egoisten. Wer das behauptet, ist selber schuld. Oder mag Ihnen den Elan nicht gönnen. Das Neid-Kriterium trennt übrigens gute von schlechten Ratgebern. Konzentrieren Sie sich auf erstere, etwa wenn Sie mit jemandem Pro und Contra abwägen wollen.

## Vor- und Nachteile gewichten

Den Herausforderungen des Lebens begegnen Sie am besten, indem Sie kalkulierbare Risiken eingehen – und nicht, indem Sie Halsbrecherisches wagen. Dadurch überwinden Sie innere Barrieren, sprengen äussere Grenzen. Überlegen Sie sich kurz, was für beziehungsweise gegen Ihr Unternehmen spricht. Nehmen Sie ein Stück Papier zur Hand, notieren Sie einige Stichworte. Vergleichen Sie diese mit der Liste im Kasten auf der nächsten Seite.

**Kalkulierte Risiken**

## Was spricht für, was gegen ein Time-out?

| Nachteil | Vorteil |
|---|---|
| Ich falle auf, exponiere mich. | Wer aus der Reihe tanzt, lebt intensiver. |
| Mein Ansinnen wird missverstanden (Undank, Leichtsinn, Schwäche). | Ich zeige Weitsicht und Profil. |
| Die Kolleginnen sind sauer. | Durch meine Abwesenheit wird ein Temporärjob frei (für Lehrabgänger, Wiedereinsteiger, Arbeitslose). |
| Die Nachbarin schüttelt den Kopf. | Ich bleibe im Gespräch – und sei es wegen des Australien-Trips. |
| Ich gefährde die nächste Beförderung. | Gerade Führungskräfte brauchen Abstand, Inspiration. |
| Zu viel Freiraum… | Endlich Zeit! |
| Auf eine 55-Jährige wartet niemand. | Meine Auszeit beweist, dass ich weder zum alten Eisen gehöre noch festgefahren bin. |
| Ich lande auf dem Abstellgleis. | Wenn ich zurückkehre, bin ich fit, auf der Überholspur. |
| Finanzen: zuerst betteln, nachher Schulden. | Eine Investition, die sich auszahlt! |

**Die Tabelle offeriert zwei Lesearten:**

1. Von links nach rechts: erst die Vorbehalte, dann das Positive. Zu welcher Interpretation neigen Sie? Können Sie allfällige Vorbehalte positiv deuten, quasi umkehren?

2. Von oben nach unten: erst die linke Spalte (was sind reale Fakten, was diffuse Ahnungen?). Dann die rechte Spalte (wo verstecken sich die Risiken, wo die Chancen?).

Ziehen Sie Bilanz: Wo liegen die echten Hürden? Wo der Reiz, es zu packen?

Zum Schluss: Vermeiden Sie jeglichen Druck bezüglich des Ausführens wie des Gelingens Ihres Vorhabens. Es ist Ihr Leben, Ihre Entscheidung! Seien Sie gewiss: In dem Moment, wo sich die Auszeit konkretisiert, wächst der Mut, es zu packen!

# Planung:
# Jetzt wirds konkret

Sie haben sich erste Gedanken über ein Time-out gemacht, überlegt, wie es aussehen könnte, welche Motive Sie dazu bewegen, welche Hürden es zu überwinden gibt. Nun heisst es die Eckpfeiler abstecken: Welche Form, wie lange, mit wem? Zur Vorbereitung gehört das Gespräch mit dem Chef. Nicht zu vergessen die Familie, insbesondere wenn die Auszeit zu Hause stattfindet.

## So gelingt Ihr Vorhaben

Die Sabbatical-Expertin Dlugozima Hope behauptet, dass der grösstmögliche Kontrast das einzig Wahre sei. Andere bezeichnen die Ausweitung des Hobbys als optimal. Klar ist: Absicht und Idee müssen stimmen. Schrauben Sie hohe Ansprüche herunter, nehmen Sie sich nicht zu viel vor. Nicht alle müssen Delfine streicheln, Gipfel erklimmen oder durchs Feuer laufen. Drei Monate auf der Alp genügen. Und selbst dort kann das Programm vollgepackt sein…

**Kein Monster-programm**

An dieser Stelle ein Hinweis: Es gibt weder «das richtige» Time-out noch den prädestinierten Time-out-Typ. Höchstens günstige Umstände sowie den Mut, es zu packen. Einzig bei der Wahl der Jahreszeit zeichnet sich ein Trend ab: Planung im Frühling, Start im Sommer, Abschluss im Herbst. Diese Häufung hängt mit unserem Jahresrhythmus zusammen, bildet indes keinen Garant für den Erfolg.

**Favorisierte Jahreszeit**

Gehen Sie es einfach an! Notieren Sie, was Ihnen einfällt, von A bis Z: Antarktis bis Zitronen züchten. Stimmen Sie sich emotional ein, durch Musik, das Lieblings-kleid, ein feines Essen. Legen Sie die Grundausrichtung fest (Reise, Bildungsurlaub, Sozialeinsatz). Das reicht, vor-erst.

## Was darfs denn sein?

Präzis vorgespurt oder spontan arrangiert: Time-outs kann man unterschiedlich angehen. Am Anfang steht ein Gedanke: Karibik, Sonne, Strand. Selten zielt er auf eine bestimmte Form ab (Sozialzeit, Bildungsurlaub), am ehesten noch auf eine Reise. Die Fantasie beginnt sich auszumalen, wie es wäre, wenn… Geben Sie den Luftschlössern Raum, durchschreiten Sie das Tor, den Hof, die prunkvollen Gemächer! Halten Sie Ausschau, vom höchsten Turm aus. Vielleicht kristallisiert sich eine der sechs klassischen Varianten heraus (siehe unten). Wei-terführende Informationen liefert das Internet, Adres-sen und Checklisten finden sich im Anhang dieses Buchs.

*Massgeschneiderte Auszeit*

## Auslandaufenthalt

In fernen Ländern lässt sich reisen, lernen, leben… Was steht auf Ihrer Wunschliste? Ein Sprachkurs, eine Erleb-nistour, der Besuch von Freunden? Gemeint ist ein län-gerer Abstecher, inklusive Jobben, Ferien oder das Son-dieren für später (Umzug, Auswanderung). Wenn Sie ein Land oder eine Region ausgewählt haben, holen Sie Informationen ein: im Internet und in Reiseführern, bei diplomatischen Vertretungen, bei Ämtern für Aussen-

### Info zum Auslandaufenthalt

Das Bundesamt für Zuwanderung, Integration und Auswanderung (IMES) hat auf seiner Website www.swissemigration.ch eine Fülle von Informationen rund um den Auslandaufenthalt zusammengetragen. Das Material umfasst rund 100 Länder, ist reich an Detail- und Spe-zialwissen. Diverse Broschüren stehen zum Herunterladen zur Ver-fügung.

beziehungen oder Kennerinnen des Landes. Hilfreich ist die Checkliste im Anhang («Auf und davon: Zehn Tipps für den Auslandaufenthalt»).

## Reisen

Abenteuer, Kulturtrip, Badeferien... alles in einem oder aneinander gereiht: Reisen bietet vieles! Sie begegnen fremden Kulturen, Gerüchen und Gerichten. Oder entdecken die Schönheit der Schweiz, unternehmen Ausflüge, erkunden den Nationalpark. Auskünfte erhalten Sie in Reiseführern, bei Travel-Agenturen oder passionierten Globetrotterinnen. Als Ergänzung dient die Checkliste im Anhang («Flott unterwegs: Zehn Tipps für die Reise»).

## Bildungsurlaub

Es ist eine Tatsache: Das Rhetorik-Training, ja ein Spanischdiplom geniessen höhere Akzeptanz als zwei Monate Meditation. Obgleich sich Konzentration auch im Job auszahlt! Was schwebt Ihnen vor? Ein Sprachaufenthalt, ein Nachdiplomstudium, die Professionalisierung eines Hobbys? Recherchieren Sie im Internet, holen Sie sachdienliche Auskünfte ein bei Berufs- und Laufbahnberatungen. Fündig werden Sie auch bei Fachverbänden oder kommerziellen Institutionen. Achten Sie bei Schweizer Anbietern darauf, dass diese eduQua-zertifiziert sind. Erkundigen Sie sich, ob der von Ihnen anvisierte Abschluss anerkannt ist. Im Anhang finden Sie die Checklisten «Investition in mich: Zehn Tipps für den Bildungsurlaub» und «Standard oder intensiv: Zehn Tipps zum Sprachaufenthalt».

## Sozialzeit

Die Forschung definiert Sozialzeit als das, was weder Erwerbstätigkeit noch Freizeit ist. Positiv ausgedrückt handelt es sich um Freiwilligenarbeit oder gemeinnützige Einsätze. Möchten Sie Flüsse reinigen, ein Jugendlager leiten, in einem Altersheim aushelfen? Informationen erhalten Sie bei Benevol Schweiz (www.benevol.ch), bei der Stiftung ZEWO, bei Kirchen und Verbänden. Einzelne Unternehmen offerieren eigene Programme (Seitenwechsel, Wissenstransfer zu Non-Profit-Organisationen); erkundigen Sie sich in der Personalabteilung. Im Anhang finden Sie die Checkliste «Gut und sinnvoll: Zehn Tipps für die Sozialzeit» sowie Adressen für Auslandeinsätze.

## Rückzug in die Stille

Immer öfter ziehen sich Berufsleute für eine Auszeit in ein Kloster oder die Abgeschiedenheit eines unbekannten Tals zurück. Traktandenlisten werden ersetzt durch Stille und Meditation, das Handy bleibt ausgeschaltet. Der Tagesablauf richtet sich nach der Natur (Sonnenstand, Jahreszeit) oder einem bestimmten Thema (Ostern, Allerheiligen etc.). Dieser «Ausstand» hat historisch gesehen Tradition: Adlige überdachten im Schutz von Klostermauern wichtige Entscheide (Thronbesteigung, Heirat, Kriegszüge). Nervenkranke erfuhren durch das Herausgehoben-Werden aus einer belastenden oder verurteilenden Umwelt eine Art «Heilung». Ziel der selbst auferlegten Einsamkeit heute: Abstreifen des Alltags, Besinnung aufs Wesentliche, Klarheit in Lebensfragen. Umgekehrt treten Mönche und Nonnen ausserhalb der dicken Mauern auf, referieren in Workshops zu Werten, Ethik und Menschlichkeit. Durchaus als Gegenstück zu gängigen Führungs-Theorien…

## Vorbereitung auf den Ruhestand

Jeder dritte Erwerbstätige möchte sich vor 65 pensionieren lassen, würde hierfür sogar Rentenkürzungen in Kauf nehmen. Psychologen raten, sich früh mit dem neuen Lebensabschnitt auseinanderzusetzen. Ein Sabbatical dient in diesem Zusammenhang der Orientierung, dem Ausloten von Zukunftsperspektiven (dritte Karriere, Privatisieren, ehrenamtliche Tätigkeit). Informationen gibt es bei Wirtschaftsverbänden und der Pro Senectute. Wenn Sie das Fernweh lockt: Das Senior Expert Corps von Swisscontact (www.swisscontact.ch) sucht Fachpersonen aller Richtungen, insbesondere auch Handwerker.

## Auszeit von Familie, Politik, Nebenamt

Diese Kategorie ist breit gefächert, hinsichtlich Anlass, Funktion und Motivation. Der Ablauf gestaltet sich unterschiedlich, eine Stellvertretung lässt sich nur bedingt einrichten. Das Vorhaben wird oft kritisch beäugt, insbesondere ein «Zurücklassen» der Familie. Dabei eröffnet ein solches Experiment wirklich Neues, für alle Beteiligten. Im Anhang finden Sie die Checkliste «Allein daheim: Zehn Tipps fürs Time-out ohne Kinder».

## Time-out zu Hause

Den Teich umgraben, die Enkelin hüten, einen Roman schreiben… hierzu ist kein Ortswechsel nötig. Selbst ausspannen lässt sich in der vertrauten Umgebung (ohne Ticket, Flugstress, Jetlag). Sie haben Ihre Sachen um sich (Möbel, Menschen, Musik), geniessen die Wohnung, kaufen im Quartierladen ein, tratschen mit dem Nachbar. Hauptsache, es fühlt sich gut an! Inspiration können Sie sich überall holen. Und für Visionen haben Sie ohnehin mehr Musse, als wenn Sie weit weg, rund um die Uhr in ein Programm eingespannt wären.

Die Herausforderungen lauern anderswo – im Umgang mit der grossen Freiheit sowie der beiläufigen Beanspruchung durch Angehörige: «Jetzt kann der doch, hat ja Zeit.» Dagegen hilft nur eins: klare Abgrenzung. Übrigens, ein Heimurlaub eignet sich auch als Testlauf für die Pensionierung. Kann ich mich aus eigenem Antrieb beschäftigen? Schaffe ich den Alltag? Was ist, wenn Unausgesprochenes aufblinkt: die eigene Wertigkeit, ja Vergänglichkeit?

**Abgrenzung und Vorgeschmack**

## Mischformen

Die geschilderten Varianten sind nicht in jedem Fall eindeutig voneinander trennbar. Es gibt zahlreiche Übergangs- und Mischformen, mit oder ohne Verbleib im Beruf (zum Beispiel bei der Verlängerung eines Elternschaftsurlaubs).

## Wie lang soll es dauern?

Die Länge eines Time-outs entscheidet sich
- mit der Form (Sabbatjahr, viermonatige Weiterbildung)
- durch äussere Rahmenbedingungen (bewilligter Urlaub, Freistellung)
- anhand weiterer Faktoren (Klima, Finanzen, Gesundheit).

Oft wird der Zeitbedarf für einen echten Zwischenhalt unterschätzt. Viele gehen von der aktuellen Belastung aus, erklären: «Drei, vier Wochen sind genug.» Wenn man nachfragt, ist eine Verschnaufpause gemeint, keine Auszeit. Der nächste Sprung liegt bei einem halben Jahr. So viel wird allgemein für ein spezifisches Projekt veranschlagt (Triathlon, Diplomarbeit, Hausbau). Sinnvoll ist ein Minimum von drei Monaten, als ideal erweisen sich fünf bis zehn Monate. Wer länger ausschert, könnte Schwierigkeiten haben, sich wieder einzugliedern, die innere Distanz wird irgendwann zu gross.

Manchmal bleibt die Dauer offen, der Einstieg ungewiss. Sie warten auf die Zulassung der Universität, aufs Eintreffen des Visums, auf den Anruf aus Hollywood. Oder verweilen, bis der Arbeitgeber Sie zurückholt (siehe Kapitel «Unterwegs: Überraschungen und Einsichten», Seite 93).

## Allein, zu zweit, in der Gruppe?

Findet ein Time-out zu Hause statt, fügt es sich in bestehende Konstellationen ein: Wohnort, Partnerschaft, Freundeskreis. Die Frage «ich oder wir» stellt sich bei längerer Dauer oder erheblicher geografischer Distanz. Die Entscheidungswege sind verschlungen. Zur Illustration dienen die drei folgenden Grafiken. Tauchen bei Ihnen andere Überlegungen auf? Wie sieht Ihre Darstellung aus?

**Kurzstopp oder Zwischenhalt?**

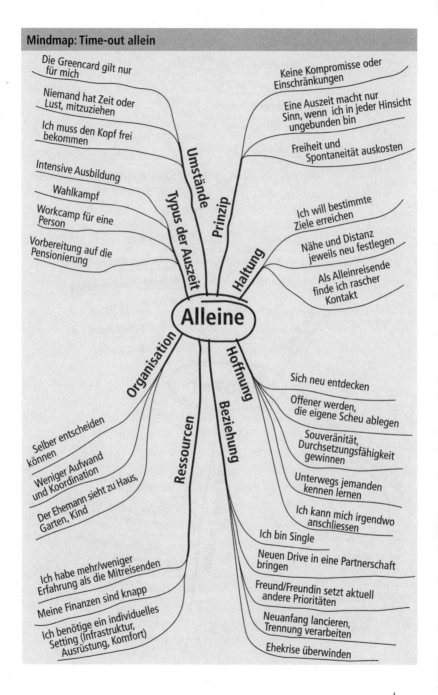

**Mindmap: Time-out allein**

Die Greencard gilt nur für mich

Niemand hat Zeit oder Lust, mitzuziehen

Ich muss den Kopf frei bekommen

Intensive Ausbildung

Wahlkampf

Workcamp für eine Person

Vorbereitung auf die Pensionierung

Umstände

Typus der Auszeit

Prinzip

Keine Kompromisse oder Einschränkungen

Eine Auszeit macht nur Sinn, wenn ich in jeder Hinsicht ungebunden bin

Freiheit und Spontaneität auskosten

Haltung

Ich will bestimmte Ziele erreichen

Nähe und Distanz jeweils neu festlegen

Als Alleinreisende finde ich rascher Kontakt

**Alleine**

Organisation

Hoffnung

Beziehung

Ressourcen

Selber entscheiden können

Weniger Aufwand und Koordination

Der Ehemann sieht zu Haus, Garten, Kind

Ich habe mehr/weniger Erfahrung als die Mitreisenden

Meine Finanzen sind knapp

Ich benötige ein individuelles Setting (Infrastruktur, Ausrüstung, Komfort)

Sich neu entdecken

Offener werden, die eigene Scheu ablegen

Souveränität, Durchsetzungsfähigkeit gewinnen

Unterwegs jemanden kennen lernen

Ich kann mich irgendwo anschliessen

Ich bin Single

Neuen Drive in eine Partnerschaft bringen

Freund/Freundin setzt aktuell andere Prioritäten

Neuanfang lancieren, Trennung verarbeiten

Ehekrise überwinden

Experiment, Investition in die Beziehung

Etwas Einmaliges zu zweit bestreiten

Kraft, Stärkung und Bereicherung für den Alltag

Übereinstimmung in Ferien, Freizeit

Test für die Beziehung

Versöhnung, Neuanfang

Partner würde durch Alleingang brüskiert

Hausbau

Nachwuchsplanung

Gemeinsames Projekt

Promotion, Dissertation

Einsatz in der Entwicklungshilfe

Die Wüste durchqueren

Eine Kulturfabrik gründen

Als Paar

**Zu zweit**

Mit jemand Unbekanntem

Mit Freund oder Freundin

Interessen teilen

Günstiges Arrangement, Kombi-Paket

Abschluss eines Lebensabschnitts (Diplomreise, UNO-Einsatz)

Austausch, gemeinsame Unternehmungen

Etwas wagen, ein Risiko eingehen

Zu zweit macht es mehr Spass

Bewusster Zusammenschluss mit einem Globetrotter (der Sprachen beherrscht, sich weltgewandt verhält, überall zurecht findet)

Zusammen etwas erleben

Verbindendes schaffen

## Mindmap: Time-out in einer Gruppe, als Familie

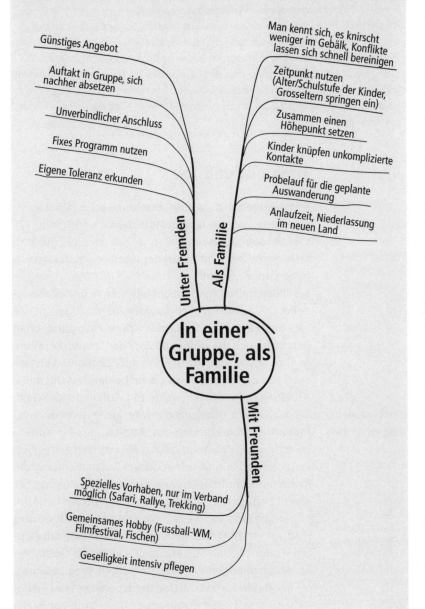

Günstiges Angebot

Auftakt in Gruppe, sich nachher absetzen

Unverbindlicher Anschluss

Fixes Programm nutzen

Eigene Toleranz erkunden

**Unter Fremden**

Man kennt sich, es knirscht weniger im Gebälk, Konflikte lassen sich schnell bereinigen

Zeitpunkt nutzen (Alter/Schulstufe der Kinder, Grosseltern springen ein)

Zusammen einen Höhepunkt setzen

Kinder knüpfen unkomplizierte Kontakte

Probelauf für die geplante Auswanderung

Anlaufzeit, Niederlassung im neuen Land

**Als Familie**

**In einer Gruppe, als Familie**

**Mit Freunden**

Spezielles Vorhaben, nur im Verband möglich (Safari, Rallye, Trekking)

Gemeinsames Hobby (Fussball-WM, Filmfestival, Fischen)

Geselligkeit intensiv pflegen

In diesem Buch ist hauptsächlich von Erwachsenen die Rede. Aber auch Jugendliche verspüren den Wunsch auszubrechen, sich aus dem Korsett «Lernen, Schule, Berufswahl» wenigstens temporär zu befreien. Die Entdeckung des Ich sowie die Ablösungstendenzen tragen das ihre dazu bei. Es gibt zahlreiche Möglichkeiten: Schüleraustausch, Workcamps oder Sozialeinsätze, Au-pair-Aufenthalte, ein Stage oder ein Studium. Wenn ein Teenager zu Hause wohnt und kein festes Anstellungsverhältnis hat, bedeutet dies nicht nur Ungewissheit, sondern auch Ungebundenheit. Theoretisch kann er bereits morgen losziehen – mit dem Inter-Rail-Ticket und einem Tramperrucksack.

# Time-out und Job

Erst wenige Schweizer Unternehmen sehen vertraglich eine Regelung von Langzeiturlauben vor (vgl. Seite 12). Wer ein Sabbatical realisieren will, muss selber die Initiative ergreifen. Und ist auf das Wohlwollen des Arbeitgebers angewiesen!

Als Silberstreifen am Horizont leuchten neue Arbeitsmodelle. Oft aus der Not entstanden, begünstigen sie die Idee eines Time-out. So führten Krisen, Finanzknappheit (letztlich auch die steigende Zahl der Stresserkrankungen) zu Teilpensen, Job-Sharing oder Zeitkonti. Letztere eröffnen den Ausweg aus einem bekannten Dilemma: Arbeitnehmende möchten Freizeit – und erhalten Geld.

**Flexible Arbeitszeit als Anstoss**

Deutschland zahlte um die Jahrtausendwende zwei Milliarden Überstunden aus. Kapital, das für andere Investitionen dringend gebraucht worden wäre! Viel versprechend nimmt sich in diesem Zusammenhang die Reduktion der offiziellen Arbeitszeit aus, kombiniert mit einer Zeitgutschrift. Die Angestellten arbeiten dabei im bisherigen Umfang weiter, der entstehende Überhang wird auf ein Zeitkonto gebucht. Während Auftragsflauten – oder für den Jahresurlaub – kann das Guthaben am Stück bezogen werden. Denselben Weg beschreitet der Gesamtarbeitsvertrag der Schweizer Maschinenindustrie. Seit 1989 installiert er freiwillige Langzeit-

konti. Die Kompensation geschieht variabel, je nach
Auflagen der Firma. Bislang ist der Zuspruch gering. Der
Erfolg hängt davon ab, ob andere Sektoren nachziehen
und es gelingt, die angesparte Zeit zu garantieren.
Ferner ist zu beobachten, dass Firmen vermehrt dazu
übergehen, längere Urlaube zu gewähren; etwa durch
summierte Ferienansprüche, Gehaltsverzicht oder -um-
wandlung (13. Monatslohn in Stundenguthaben). Vor-
ausgesetzt wird, dass ein Angestellter zurückkehrt.
Den Ausschlag für solche Lösungen geben weder Ge-
setze noch die offizielle Arbeitszeit (ca. 42 Stunden pro
Woche), sondern ein struktureller Faktor: die Betriebs-    **Handicap**
grösse. Zahlenmässig überwiegen in der Schweiz kleine    **Kleinbetrieb**
bis mittlere Unternehmen (KMU), die durchschnittliche
Zahl der Mitarbeitenden liegt unter zehn. Jede Stelle ist
knapp berechnet, bei Kadern oder Spezialistinnen treten rasch Engpässe auf. KMU-Vertreter beurteilen den
Spielraum für temporäre Unterbrüche denn auch als begrenzt.

## Tendenzen bei Grossfirmen und KMUs

Die Chancen, ein Time-out zu beziehen, sind bei Gross-
firmen oder internationalen Konzernen ungleich höher.
Vielerorts werden die Rahmenbedingungen für den Bezug von unbezahltem Urlaub im Personalreglement
festgehalten. Bei der öffentlichen Hand können mehre-    **Reglement...**
re Angestelltengruppen (und Hierarchiestufen!) auf institutionalisierte Einrichtungen zurückgreifen. Erwähnt
sei an dieser Stelle der Lehrerurlaub.
Kleinere und mittlere Unternehmen bevorzugen ein
individuelles Vorgehen. Im Zentrum stehen die Ver-
ankerung der jeweiligen Person sowie das ihr ent-
gegengebrachte Verständnis. Die Familiengründung ei-    **...oder**
ner geschätzten Mitarbeiterin erzeugt Sympathie, dem    **individuelles**
talentierten Jungstar wird schon mal ein Spleen zuge-    **Vorgehen**
standen. Hinzu kommen aussergewöhnliche Gesten (voll
bezahlte Weiterbildung, Treuegeschenk). Ob Grossraum-

büro oder kleine Werkstatt, den ersten Schritt müssen Sie selbst tun. Sie stehen dann vor der bangen Frage: Wie sag ichs meinem Chef?

## Wie sag ichs meinem Chef?

Umfragen bestätigen: Zwei Drittel der Erwerbstätigen würden eine Auszeit begrüssen. Allerdings glaubt lediglich ein Fünftel, dass dies am jetzigen Arbeitsplatz möglich sei. Und nur zehn Prozent getrauen sich, das Begehren vorzutragen. Der Weg gleicht dem Aufstieg auf einen Gipfel. Nötig sind Mumm, die richtige Ausrüstung und Technik. Drei Ziele sichern das Basislager:

Ziel 1:  Geschickte Verhandlungen (erstes Gespräch, Nachhaken, zweites Gespräch)

Ziel 2:  Okay für das Time-out (Vorgesetzte, Geschäftsleitung)

Ziel 3:  Attraktive Konditionen (zu Weggang und Rückkehr).

Taktik und Timing stehen im Vordergrund. Doch zunächst müssen Sie sich informieren. Was bietet der Arbeitgeber? Gibt es ein Sabbatjahr, kürzere Sabbaticals? Wie steht es um die Bedingungen? Generell gilt: Je exotischer die Idee, desto intensiver die Vorbereitung aufs Gespräch. Bündeln Sie die Haupt- und Zusatzargumente. Spielen Sie das Szenario mit einer Vertrauensperson durch, strukturiert und sachlich.

*Vorbereitung...*

Wichtig: Wenden Sie sich an die direkten Vorgesetzten! Wählen Sie einen günstigen Moment, zum Beispiel nach einer Erfolgsmeldung. Vereinbaren Sie einen Termin – Überfälle zwischen Tür und Angel sind tabu. Orientieren Sie die Entscheidungsträgerinnen rechtzeitig, mindestens aber drei Monate im Voraus. Kündigen Sie nicht voreilig, weil Sie befürchten, Ihr Gesuch würde abschlägig behandelt. Dadurch bringen Sie sich – und zukünftige Kandidatinnen – um eine einmalige Chance!

*...Hauptprobe...*

Ihr Auftritt sollte überzeugen, die Begeisterung anste-
cken. Appellieren Sie an gemeinsame Interessen: Liebt
die Chefin Musik, New Orleans, Jazz? Betonen Sie den
Nutzen einer Ausbildung, vermeiden Sie Ausdrücke wie     …und Premiere!
«Überdruss» oder «Aussteigen». Sie tun etwas für sich,
nicht gegen andere! Formulieren Sie die Beweggrün-
de so, dass Menschliches durchschimmert: «Ich besuche
Verwandte, überquere den Atlantik, verwirkliche einen
Traum.» Achten Sie auf nonverbale Signale (Tonfall,
Gestik, Mimik). Bauen Sie auf den Aussagen des Gegen-
übers auf, insbesondere, wenn Sie diese widerlegen wollen («Das ist *die* Gelegenheit, sich als fortschrittlicher
Arbeitgeber zu präsentieren!»; «Sicher, unser Betrieb ist
klein, dies begünstigt flexible Lösungen.»). Schaffen Sie
eine Auffanglinie, halten Sie Alternativen bereit (etwa
die Teilnahme an einem internen Projekt). Verweisen Sie
auf den gegenseitigen Gewinn.
Achtung: Hüten Sie sich vor leichtfertigen Zugeständnis-
sen wie «keine Beförderung» oder «Gehaltsverzicht».
Wird ein schriftlicher Antrag verlangt, greifen Sie zum
Muster im Anhang.

| Machen Sie sich auf diese Fragen gefasst! | |
| --- | --- |
| Fragen, Einwände | Antworten |
| Glauben Sie, dass Sie dies wert sind? | Ja, meine Leistungen sind beachtlich. Nicht zu vergessen: Auch die Firma profitiert. Konkrete Punkte nennen! |
| Sie haben bei der Vertragsunter-zeichnung bekräftigt, Sie seien fit. Hat sich das geändert? | Mein Akku ist nicht leer. Im Gegenteil, ich rüste mich für hohe Anforderungen. |
| Sind Sie derart auf Abenteuer bedacht? | Relativieren Sie: Ich erweitere den Horizont, verbessere mein Business-Englisch. |
| Haben Sie das Gefühl, Sie erleben hier zu wenig? | Lassen Sie sich nicht auf der Kritikschiene fest-nageln. Kontern Sie: Ich kann das Erlernte 1:1 umsetzen, bleibe auf der Strasse des Erfolgs. |

| Fragen, Einwände | Antworten |
|---|---|
| Wie ist das machbar? | Bekräftigen Sie: Durch Planung und Organisation! Ich werde die Übergabe tadellos vorbereiten. |
| Unser Personalreglement sieht keine längere Absenz vor. | Zeigen Sie Einfallsreichtum: Schlagen Sie kumulierte Ansprüche vor (Überstunden, Ferien, 13. Monatslohn) oder eine Kombination bezahlter / unbezahlter Urlaub. |
| Wie soll ich das nur dem Boss erklären? | Sorgen Sie vor: Ich habe eine kleine Dokumentation erstellt. Sie berücksichtigt saisonale Schwankungen und Auslastungsspitzen. |
| Ausnahmen schüren Unruhe. | Kontern Sie: Unterschiedliche Qualifikationen rechtfertigen unterschiedliche Massnahmen. |
| Alle arbeiten hart. Und können trotzdem nicht frei nehmen. | Mir geht es nicht um eine bevorzugte Behandlung, sondern darum, in die USA zu fahren. Solange dies noch geht (Schulpflicht der Kinder, selbständige Eltern usw.). |
| Einfach so herumreisen ... Wollen Sie nicht ein Manager-Seminar buchen? | Das Survival-Training ist härter als nackte Theorie. Zudem fördert es die Teamfähigkeit. |
| Was bringt uns Ihr Sozialeinsatz? | Imagegewinn sowie den Einstieg ins Corporate Volunteering (Engagement der Firma für das Allgemeinwohl). |
| Wir offerieren Ihnen sechs Wochen Ferien. | Ich schätze dieses Angebot, möchte es jedoch nicht als Ersatz sehen. Das Time-out lässt sich indes auf meine Ferien abstimmen. |
| In unserer Branche ist kein Platz für Experimente. | Gerade weil ich die Firma als innovativ erachte, unterbreite ich diesen Vorschlag. |
| Wer garantiert mir, dass Sie nicht auf den Geschmack kommen, 2012 Ähnliches einzufordern? | Für mich ist es etwas Einmaliges, das ich Ihnen hoch anrechne, jetzt und in Zukunft. |

Haben Sie keinen Chef oder sind Sie selbst Ihr Boss? Dann gestaltet sich einiges einfacher, anderes schwieriger. Hinweise für Unternehmerinnen, Freelancer etc. finden sich im Kapitel «Sonderfall Selbständige» (Seite 65).

## Versuch missglückt: Was nun?

Resultiert nicht das Erhoffte, stellt sich Enttäuschung ein. Lassen Sie sich nicht unterkriegen! Analysieren Sie die Unterredung: Was ist gut gelaufen, was nicht? Wagen Sie es nach einer angemessenen Frist ein zweites Mal! Die Personalpolitik kann sich ändern. Fakten werden neu interpretiert, Zugpferde hofiert, Ambitionen geschätzt.

## Kündigung als Notstopp?

Wenn sich Ihr Time-out nur mit einem Stellenwechsel realisieren lässt, handeln Sie nicht unüberlegt! Studieren Sie die Kündigungsklausel (Fristen, Konkurrenzverbot), lassen Sie sich extern beraten. Einerseits macht es keinen Sinn, an einem aussichtslosen Ort zu verharren. Andererseits bewahrt Sie ein kühler Kopf davor, auf den erstbesten Job aufzuspringen: ohne Time-out. Versuchen Sie bei Ihrem Abgang ein gütliches Einvernehmen zu erreichen. Der Vorteil dieser Lösung: Sie sind ungebunden, können sich eine echte Auszeit gönnen.

## Rahmenbedingungen: So klappts

Kehren Sie nach der Auszeit an Ihren Arbeitsplatz zurück? Im Idealfall brauchen Sie nicht um Ihren Job zu bangen: die Existenz des Unternehmens ist gesichert, die Einstellung zu «Abenteurerinnen» positiv und das Spielfeld abgesteckt. Hierzu gehören zwei Faktoren:

Aussenbedingungen:

- Es zeichnen sich keine drastischen Veränderungen ab (Rezession, Technologie-Umbruch).
- Die Firma hat die «richtige Grösse» erlangt, muss weder fusionieren noch abbauen.
- Ihre Branche oder Aufgabe eignet sich für einen Unterbruch (zeitlich begrenzte Engagements wie Beratung, Coaching etc.).

Durchführungsbedingungen:

- Sie haben keine gravierenden persönlichen Probleme (Geld, Karriere).

- Ihre Erwartungen sind realistisch (Effekt des Time-out, vergleiche Seite 24).
- Sie können Art und Dauer der Auszeit frei bestimmen.

Nicht alle Elemente sind direkt beeinflussbar. Deshalb müssen sie genau geprüft werden. Und das sei nicht verschwiegen: Ihr Vorhaben unterzieht die Arbeitgebenden einem Härtetest. Seien Sie tolerant: Drücken Sie hin und wieder ein Auge zu!

Eine Verein-
barung treffen Zu den Voraussetzungen, welche ein gutes Gelingen ermöglichen, gehört die detaillierte Abmachung mit der Arbeitgeberin. Die zentralen Aspekte sind im Kapitel «Gut vorbereitet: Recht und Versicherungen» ausführlich beschrieben (Seite 70).

## Die lieben Kollegen

«Geschafft», denken viele, wenn sie die Vorgesetzten eingeweiht haben und nicht gleich abgeblitzt sind. Doch die eigentliche Hürde liegt noch vor Ihnen: die Arbeitskollegen! Selbst wenn es Sie reizt, überlassen Sie die Mitteilung Ihren Chefs. Die hingeworfene Bemerkung: «Was solls, bald bin ich über alle Berge» schürt Gerüchte und brüskiert die Führung. Die Ankündigung zeigt einiges über die Unternehmenskultur, Stichwort: Transparenz, Gleichbehandlung. Allerdings liegt die Verantwortung dafür nicht bei Ihnen. Für Sie relevant ist die Abmachung, wie Sie mit Ihrer Firma in Kontakt bleiben und wann Sie erreichbar sind. Auf der persönlichen Ebene glätten Sie die Wogen durch Teilhabe und Einbezug. Versprechen Sie der Bürokollegin ein Souvenir, planen Sie einen Videoabend, malen Sie zusammen das Wiedersehen aus.

## Erfahrungsbericht:
## Die Leichtigkeit des Seins

Aldo, Vertriebsleiter, unternahm mit 48 eine kleine Weltreise: Asien, Australien und Amerika. Zu Beginn standen tausend Fragezeichen, später eine Lücke im Lebenslauf. Heute heisst sie Sabbatical und gilt als hip. Aldo berichtet:

■ *Treibende Kraft war meine Frau. Nachdem die Kinder ausgeflogen waren, wollte sie die Welt sehen. Wir hatten etwas zur Seite gelegt, die Route längst skizziert. Jetzt musste nur noch der Konzern mitziehen! Drei Dinge wollte ich: unbezahlten Urlaub, frei gewählten Zeitpunkt, klare Verhältnisse. Ich spielte mit offenen Karten. Verbarg auch nicht, dass es sich um einen privaten Wunsch handelt. Dieses Vorgehen trug mir Respekt ein. Die Zustimmung kam postwendend. Als der Countdown lief, häuften sich die Einwände. Ob ich nicht nächstes Jahr, zwei statt drei Monate… Ich blieb standfest. Zudem war alles arrangiert: das Kerngeschäft delegiert, Wichtiges erledigt, Strategisches vertagt.*
*Pünktlich bestiegen wir das Flugzeug. Zuerst für zwei Wochen Nepal. Darauf folgten Java, Australien und die Westküste der USA. Meine Frau besuchte historische Ausgrabungen, ich fotografierte für ein Reisejournal. Wäre ich länger geblieben, hätte ich Fliegen gelernt oder ein Stück Land gepachtet.*
*Die Verbindung in die Schweiz beschränkte sich in den drei Monaten auf Briefe und Ansichtskarten. Im Büro meldete ich mich zweimal. An das Rückkehrdatum erinnere ich mich genau: 6. Januar – Ankunft der Könige! Wehmut und Dankbarkeit begleiteten auch uns. Wir hatten etwas Unvergessliches erlebt!* ■

## Die Familie miteinbeziehen

Neu wird er für die Familie nicht sein, Ihr Traum. Überraschend hoffentlich auch nicht… Je nach Lebenssituation wollen die Liebsten miteinbezogen werden, das Einverständnis zu Ihrem Vorhaben geben. Zumeist hat ein solches Unternehmen gravierende Auswirkungen auf die Paarbeziehung, unabhängig von der Rollenteilung (Haushalt, Job, Geschäft). Wenn Sie Ihre Auszeit allein verbringen möchten, sollten Sie dies nicht zu abrupt ankündigen. Erwartungen wollen ausgesprochen, Missverständnisse beseitigt werden. Geht es um eine Trennung, liegt eine Krise vor? (Vergleiche die Mind-maps auf Seite 36/37.)

### Mit Partner oder ohne?

Wenn der Anstoss von einer Person rührt, muss der, die andere sich entscheiden: Will ich mit, bleibe ich hier? Oder nutze ich diese Zeit für mich? Eventuell blitzt eine Chance auf: Ferne schafft Nähe, erhöht die Spannung. Frischer Wind zieht auf, lässt den Kleinkram vergessen. Ausserdem ist es nicht für immer! Oder es schält sich ein Kompromiss heraus: Auftakt zusammen, Schlussspurt gemeinsam, Treff unterwegs.

*Abstand als Chance*

### Die Verwandtschaft fiebert mit

Vater, Mutter, Geschwister: Wer Sie kennt, spürt, dass sich etwas anbahnt. Der Bruder hat sich um Ihre Gesundheit gesorgt, zu Kürzertreten geraten. Die Tante fiebert mit, trotz anfänglicher Bedenken. Häufig blickt gerade der engste Kreis über den Tellerrand hinaus, beteiligt sich mit Inbrunst am Unterfangen. Leiht Geld, vermittelt Rückhalt, verkündet die Neuigkeit mit Stolz. Oder springt, falls Sie ohne Kids verreisen, für eine Weile ein.

### Auszeit mit Kindern

Und die Kinder? Einerseits sind sie ideale Reisebegleiter, integrieren sich im Nu. Andererseits vermissen sie ihre Gspänli, die Spaghettisauce, das Einschlafritual. Je abstrakter ein Vorhaben, je weiter weg von ihrer Erlebniswelt, desto kühler die Reaktion.

Junge Familien planen ihre Auszeit meist, bevor die Kinder das schulpflichtige Alter erreicht haben. Knirpse brauchen keinen Flugzeugsitz, teilen das Hotelzimmer mit den Grossen, essen zum halben Preis. Bis zum Kindergartenalter brauchen An- und Abreise nicht auf die Schulferien abgestimmt zu werden.

Achtung Schulpflicht

Mit Beginn der Schulpflicht ändert das. Der Besuch der Primarschule wie der Sekundarstufe I ist in der Schweiz obligatorisch. Möchten Sie Ihre schulpflichtigen Kinder längere Zeit aus der Schule nehmen, brauchen Sie hierfür eine Bewilligung der zuständigen Instanz. Je nach Kanton handelt es sich dabei um die Schulleitung, die Aufsichts- oder eine andere Behörde. Unterlassen Sie es, die Bewillung einzuholen, haben Sie als Erziehungsberechtigte mit Sanktionen zu rechnen. Schwerer als eine Busse wiegt in der Folge das getrübte Verhältnis zu den Ämtern. Und Ihr Spielraum für ein nächstes Mal ist reduziert.

Ohne Bewilligung kein Sabbatical

Reichen Sie das Gesuch um Dispensation schriftlich ein. Es empfiehlt sich, vorher die Lehrerin zu kontaktieren. Unterstützt sie Ihr Vorhaben, erwähnen Sie dies – es verbessert Ihre Chancen. Ferner gehören vier Punkte in Ihr Schreiben:

So stellen Sie ein Gesuch

1. eine detaillierte Begründung
2. der Profit für die Kinder (Fremdsprache, Sozialkompetenz, kultureller Austausch)
3. Kenntnisse über den Stoff, den Ihr Kind verpassen wird
4. die Bereitschaft zu Ausgleichsleistungen (Nachhilfe, Fernunterricht, Kurse an der High School).

Achtung: Selbst wenn die Eltern kein Lehrpatent besitzen, können sie während des Time-out dazu verknurrt werden, ihre Sprösslinge in Sachen Geografie oder Algebra à jour zu halten!

Findet die Auszeit ohne Kids statt, stellt sich die Frage nach der Betreuung. Reissen Sie den Nachwuchs nicht aus der vertrauten Umgebung! Geben Sie ihm die Gewissheit: Das Zuhause bleibt, die Eltern kehren zurück (vergleiche die Checklisten im Anhang, «Kind und Kegel: Zehn Tipps fürs Time-out mit der Familie» und «Allein daheim: Zehn Tipps fürs Time-out ohne Kinder»).

## Letzte Zweifel, Durchbruch

**Durchstarten!**

«Plötzlich holte mich der Übermut ein. Ich war über mich selber erstaunt, getraute mich kaum, zum springenden Punkt vorzudringen: dem Gespräch mit dem Patron. Bis ich die Flucht nach vorn ergriff, mich selbst überlistete. Von Tag zu Tag weihte ich mehr Leute ein. Am Schluss konnte ich gar nicht mehr anders als es durchziehen!» So schildert die Architektin Leonie, 28, ihren Weg zum Entschluss. Diese Unsicherheit ist verständlich, sie schimmert bei vielen Berichten durch. Veranlasst jedoch selten zu einem Rückzieher. Im Gegenteil: Der nächste graue Morgen, die Aussicht auf Nieselregen, griesgrämige Gesichter und lauwarmen Kaffee beschleunigt die Entwicklung. Nicht zu vergessen: die Vorfreude! Denn werden die Türen zur Freiheit erst mal aufgerissen, lassen sie sich nicht wieder zuklappen.

# Geld: Wie finanziere ich ein Time-out?

Time-out? «Zu schön, um wahr zu sein», sagen die einen. «Zu teuer», die anderen. Etwas wert muss einem das Abenteuer schon sein. Gleichwohl sollte es nicht den Rahmen sprengen. Eine sorgfältige Budgetierung lohnt sich. Und manchmal öffnen sich neue Finanzquellen: Einsparungen, Zusatzeinkünfte oder ein Beitrag von Dritten (Arbeitgeber, Stiftung, Familie).

Für eine Auszeit bildet Geld ein, aber nicht das entscheidende Hindernis. Eine grössere Rolle spielt die Absicht, etwas für sich zu tun. Nicht um jeden Preis, dafür mit lohnendem Einsatz. Investieren Sie in sich selbst, in die eigene Zukunft! Das ist die beste Wertanlage: sicher, nachhaltig, umweltverträglich. Es mag verwegen tönen, ist jedoch nur logisch: Was Sie mit einem Sprachaufenthalt gewinnen, kann Ihnen niemand mehr nehmen. Die Erfahrung einer Bergtour ist unbezahlbar, ebenso wie der Aufenthalt auf einer Alp. Dass zu Beginn lauter Fragezeichen stehen, versteht sich von selbst. Nahezu jeder hat Hemmungen, finanzielle Risiken einzugehen, das Sparbuch aufzulösen, Verwandte «anzubetteln». Selbst Topverdiener trauen sich oft nicht. Oder setzen andere Prioritäten (neues Cabriolet, luxuriöses Hobby). Zudem hat selten jemand einfach so 20 000 Franken übrig, muss nur noch das Reiseziel bestimmen, ohne Kassensturz …

**Unbezahlbares erleben**

## Finanzplan: das goldene Dreieck

Wenn der Lottogewinn ausbleibt, der grosse Coup misslingt, die Beförderung auf sich warten lässt, heisst es über die Bücher gehen. Studieren Sie die Konto-Auszüge der letzten 24 Monate. Diese geben einen Überblick über Einkünfte, Ausgaben und Reserven. Der anschliessende Finanzplan basiert auf drei Eckpfeilern:

Fixkosten

Kosten des Time-out                      Unvorhergesehenes

## Fixkosten

Zum Grundstock zählt der Lebensunterhalt (Miete, Versicherungen, Krankenkasse). Es empfiehlt sich, einzelne Posten auszuscheiden und auf allfällige Einsparungen hin zu prüfen. Lässt sich die Wohnung während der Auszeit abtreten, das Auto ausleihen, das Zeitungsabo kündigen? Steht das Motorrad unberührt in der Garage? Gut, dadurch entfallen Unterhalt und Versicherung! Fehlen Sie im Fitnessklub? Holen Sie eine Gutschrift heraus!

*Basislager zu Hause erhalten…*

Informieren Sie sich rechtzeitig über die Bestimmungen für Untermiete, Leasing oder eine Vertragsauflösung. Lesen Sie das Kleingedruckte, handeln Sie günstige Konditionen aus (Sistierung der Mitgliedschaft, Halbjahresstatt Jahresbeitrag). Zahlungen nie kommentarlos einstellen!

Der radikalste Schritt besteht darin, die Zelte abzubrechen, Hab und Gut zu veräussern. Dieser drängt sich auf, wenn man erstens der Typ dafür ist, zweitens für niemanden verantwortlich zeichnet (Kinder, Lebenspartner), drittens nach dem Sabbatical von Null auf beginnt.

*…oder auflösen?*

## Kosten für das Time-out

Dieser Betrag variiert je nach Form, Dauer und Anspruch. Zur Hauptsache setzt er sich aus zwei Faktoren zusammen: Verdienstausfall sowie spezielle Kosten. Bauen Sie auf Erfahrungswerte früherer Reisen, vergleichen Sie unterschiedliche Arrangements, fragen Sie bei Globetrotterinnen nach. Kalkulieren Sie direkte und indirekte Aufwendungen ein (vom Flugticket bis zum unbenutzten Töff). Zu den direkten gehören zum Beispiel bei einem Bildungsurlaub:

- Vorbereitung (Bücher, Sprachkurse, notwendige Dokumente)
- Auslagen vor Ort (Taxen, Semestergebühren, Lehrmittel)
- Reise (Hin- und Rückfahrt, Mietwagen, U-Bahn-Ticket)
- Unterkunft, Verpflegung
- Diverses (Versicherungen, Ausflüge, Geschenke).

**Unvorhergesehenes**
Dazu zählen Programmänderungen, Zusatzwünsche oder Zwischenfälle. Während Naturkatastrophen oder Kriegswirren unvermittelt hereinbrechen, lassen sich andere Risiken abschätzen und versichern (Annullation, Rücktransport bei Krankheit oder Unfall, siehe Kapitel «Gut vorbereitet: Recht und Versicherungen», Seite 70). Planen Sie ausserdem eine Reserve für Einmaliges ein (Rundflug, Souvenir, Wellness)!

# Zusätzliche Geldquellen erschliessen

Abgebrannt und urlaubsreif – das muss nicht sein! Mit einem Quäntchen Glück können Zusatzeinkünfte generiert, Ansprüche reduziert und nicht zuletzt der Arbeitgeber beteiligt werden.

## Wenn der Arbeitgeber mitzieht
Machen Sie eine Auslegeordnung. Prüfen Sie, was Ihre Firma bietet: institutionalisierte Massnahmen (Freisemester, Langzeiturlaub) oder individuelle Vorkehrungen (für Kader, Frauen, Auszubildende)? Geht das Gan-

ze als Benefit durch, als Dienstaltersgeschenk oder Anerkennung für besondere Leistungen? Passt ein Stage in
die Kategorie «Anreize», gleich dem Auslandeinsatz oder
einem sozialen Engagement? Versuchen Sie in jedem
Fall, eine Vereinbarung bezüglich einer weiteren Lohnfortzahlung zu erreichen (Freistellung, Anrechnung von
Überstunden, Vor-/Nachholen bei Projektarbeiten usw.).
Diese Regelung ist auch bezüglich Versicherungsschutz
am Vorteilhaftesten (vergleiche Kapitel «Gut vorbereitet: Recht und Versicherungen», Seite 70).

## Stipendien und Stiftungsbeiträge

Für eine Ausbildung gibt es möglicherweise Stipendien.
Ebenso unbestritten wie der Tenor vom lebenslangen
Lernen ist die Tatsache, dass Bildung kostet. Der Besuch
einer Fachhochschule zum Beispiel 25 000 Franken (Nachdiplomstudium, 40 Kurstage). Das Stipendienwesen gestaltet sich nach kantonalen Richtlinien. Erkundigen Sie
sich bei der zuständigen Fachstelle
• ob Chancen für staatliche Unterstützung bestehen
• welches die Kriterien sind (Einkommen, Alterslimite)
• wie Sie die Eingabe verfassen müssen.

Für Forschungsprojekte halten Firmen, Arbeitnehmer-
vereinigungen und Stiftungen zweckgebundene Fonds
bereit. Letztere auch in Form von rückzahlbaren Aus-
zahlungskrediten (vgl. das Eidgenössische Stiftungsver-
zeichnis, www.edi.admin.ch/esv/).
Alternative: Banken und Versicherungen vergeben rück-
zahlbare Ausbildungskredite zu günstigen Zinskonditio-
nen. Schulden machen ist allerdings nicht jedermanns

**Vorsicht
Schuldenfalle**

Sache. Vorsicht bei Konsumkrediten! Häufig kommen
zu den Schulden strenge Rückzahlungskonditionen sowie hohe Zinssätze.
Jobben unterwegs ist eine weitere Möglichkeit, das
Budget aufzubessern. Was es dabei zu beachten gibt,
lesen Sie im Kapitel «Job in Timbuktu?» (Seite 63).

### Erfahrungsbericht:
### Flexibilität und Bescheidenheit

Faye, 54, Fotografin, ist nicht nur im Sternzeichen ein Fisch. Zahlreiche Gewässer hat sie bereits überquert: für eine Spritztour, mit dem Kajak oder gediegen, auf einem Meeresdampfer. Sie berichtet:

■ *Das Wichtigste scheint mir Flexibilität. Man muss nicht alle Sicherheiten aufgeben, das Leben komplett umkrempeln. Wenn man bereit ist, seine Vorstellungen anzupassen, andere Varianten in Betracht zu ziehen, findet sich eine Lösung. Vielleicht nicht heute, aber bald. Einfacher, aufgeteilt (erst die Reise, dann die Weiterbildung) oder als simple Auszeit zu Hause. Und man darf sich nicht darum scheren, was andere meinen! Die gleichen Leute, welche den vermeintlichen Leichtsinn kritisieren, leisten sich teure Hobbys... Eine Freundin verbrachte fünf Jahre in Nairobi. Diese Erfahrung hinterliess Spuren, bewirkte ein Umdenken. Sie nennt es «Bescheidenheit», ich «Besinnung auf das Wesentliche». Denn es gibt sie, eine Existenz jenseits von Glanz und Glimmer.* ■

## Budgetbeispiel Einzelperson

Sylvie, 35, ledig, verwirklicht sich einen Traum: sechs Monate Asien. Sie lebt bescheiden, legt regelmässig etwas auf die hohe Kante. Für ihr Vorhaben bezieht die Powerfrau ihre Ferien am Stück, der Rest ist unbezahlter Urlaub.

Finanzierung:

| | | |
|---|---|---|
| 1 Monat: bezahlt | = | 1 Monat: Ferien |
| 5 Monate: unbezahlt | = | 2 Monate: Rückgriff auf Erspartes |
| | | 2 Monate: Erlös aus dem Verkauf des Jeeps |
| | | 1 Monat: Jobben unterwegs |

## Monatsbudget zu Hause

| | |
|---|---|
| Netto-Einkommen pro Monat, ohne 13. Lohn | 5000 Franken |
| **Feste Verpflichtungen** | |
| Wohnen (Zimmer in WG, ohne Nebenkosten) | 750 Franken |
| Steuern | 700 Franken |
| Krankenkasse | 400 Franken |
| Versicherungen (Hausrat, Privathaftpflicht) | 50 Franken |
| Telefon und TV (inklusive Handy, Internet) | 100 Franken |
| Strom, Gas, Wasser | 100 Franken |
| Auto, Miete Garage | 500 Franken |
| Abonnemente Zeitschriften, Beitrag Fachverband | 300 Franken |
| | **2900 Franken** |
| **Haushalt** | |
| Lebensmittel, Getränke | 400 Franken |
| Nonfood (Waschmittel, Körperpflege) | 200 Franken |
| | **600 Franken** |
| **Persönliche Ausgaben** | |
| Kleider, Schuhe, Coiffeur | 200 Franken |
| | **200 Franken** |
| **Rückstellungen** | |
| Dritte Säule | 500 Franken |
| Zahnarzt, Massage / Wellness | 200 Franken |
| Geschenke, Spenden | 100 Franken |
| Ferien, Hobby, Weiterbildung | 300 Franken |
| Reserve | 200 Franken |
| | **1300 Franken** |

**Guten Ideen gefragt**

Sylvie hat die Fixkosten drastisch minimiert: das WG-Zimmer untervermietet, den Geländewagen verkauft, die Erwerbsauslagen auf Null gesenkt. Für das Time-out greift sie auf ihr Feriengeld zurück. Eine gesunde Basis, meint sie. Bis der Bescheid der Pensionskasse eintrifft: Sie soll während der Auszeit Arbeitnehmer- und Arbeitgeber-Beiträge abgelten, fünf Monate lang! Zu deren Finanzierung erschliesst Sylvie zusätzliche Einnahmequellen: durch die Tätigkeit als Reiseführerin sowie den Verkauf von selbst gefertigtem Schmuck. Für Unerwartetes (Gesundheit, Gepäckverlust) verspricht ein Freund einzuspringen. Diese Abmachung vermittelt Rückhalt und spart teure Zusatzversicherungen. Den Flug bucht die Tramperin ausserhalb der Hochsaison. Vom kommerziellen Tourismus hält sie sich fern. Guest Houses oder private Unterkünfte recherchiert sie im Internet oder vor Ort. Bezüglich attraktiver, aber teurer Destinationen hat der Vater einen Geistesblitz: Auf den Aufruf in seinem Serviceklub hin häufen sich Einladungen zu Geschäftsfreunden in Singapur und Hongkong. Selbst Kuala Lumpur liegt nun in finanzieller Reichweite! Nun sieht Sylvies Budget wie folgt aus:

## Monatsbudget Time-out

| | |
|---|---|
| Eingesetzte Summe pro Monat (70% des Netto-Einkommens) | 3500 Franken |
| **Feste Verpflichtungen** | |
| Steuern | 700 Franken |
| Krankenkasse inkl. Reiseversicherung und REGA | 550 Franken |
| Versicherungen (Hausrat, Privathaftpflicht) | 50 Franken |
| Handy, Internet | 50 Franken |
| Beitrag Fachverband (reduziert) | 50 Franken |
| | **1400 Franken** |
| **Unterwegs** | |
| Unterkunft | 300 Franken |
| Lebensmittel, Getränke | 200 Franken |
| Nonfood (Waschmittel, Körperpflege) | 100 Franken |
| Verkehrsmittel (Flug, Inland-Transfers) | 500 Franken |
| Benzin | 50 Franken |
| Kleider, Schuhe, Ausrüstung | 100 Franken |
| Souvenirs | 50 Franken |
| | **1300 Franken** |
| **Rückstellungen** | |
| Dritte Säule | 500 Franken |
| Arzt, Zahnarzt (unterwegs) | 100 Franken |
| Reserve | 200 Franken |
| | **800 Franken** |

Für den Notfall hat Sylvie zwei Finanzspritzen aufgespürt:

- Nachträgliche Vermarktung des Erlebnisses (Bericht im Thailand-Magazin, Seminar an der Volkshochschule)
- Kapitalzuschuss durch die Auszahlung der Lebensversicherung. (Absoluter Notgroschen! Da der Rückkauf mit Verlusten verbunden ist, setzt Sylvie alles daran, dass es nicht so weit kommt.)

Sylvies Bilanz nach der Auszeit: «Als Rucksack-Touristin habe ich gemerkt, wie wenig man braucht. Föhn, Tagescreme, Abendrobe erscheinen wie Dinge aus einer anderen Welt.»

## Budgetbeispiel Familie

Nik und Lea sind aufgeschlossen, wissbegierig, für vieles zu haben – wenn es nicht allzu teuer ist. Seit dem Einkauf in eine Genossenschaftssiedlung muss sich das Paar mit den zwei Kindern nach der Decke strecken. Kalifornien hat sie trotzdem gepackt: Englisch live, die Wüste, der Disney-Park... jetzt, wo die Kids noch klein sind!
Nik und Lea erstellen einen «Fahrplan». Dieser richtet sich nach den täglichen Erfordernissen sowie den zu erwartenden Kosten. Das lang gehegte Ziel motiviert, Rücklagen zu tätigen. Die Erwachsenen verzichten auf Geschenke, wünschen sich stattdessen «ein Nötli für Amerika». Jedes Extra wandert auf ein separates Konto. Als Auffangnetz dient eine eiserne Reserve, von früher. Nicht dass die defekte Heizung plötzlich den US-Trip gefährdet! Sollten alle Stricke reissen, liesse sich die Hypothek erhöhen.

Finanzierung:
2 Monate: bezahlt = 1 Monat: kumulierter Bezug der Überstunden

5 Monate: unbezahlt  =  1 Monat: Umwandlung
13. Lohn in Zeitgutschrift
1 Monat: zinsloses Darlehen
einer Tante

| Monatsbudget zu Hause | |
| --- | --- |
| Netto-Einkommen pro Monat, ohne 13. Lohn | 6500 Franken |
| **Feste Verpflichtungen** | |
| Wohnen (Hypothek und Zusätze) | 1500 Franken |
| Steuern | 700 Franken |
| Krankenkasse | 700 Franken |
| Versicherungen (Hausrat, Privathaftpflicht) | 100 Franken |
| Telefon und TV (inklusive Handy, Internet) | 200 Franken |
| Strom, Gas, Wasser | 100 Franken |
| Auto | 330 Franken |
| Bus, Tram | 80 Franken |
| Zeitungen, Vereinsbeiträge | 80 Franken |
| | **3790 Franken** |
| **Haushalt** | |
| Lebensmittel, Getränke, Kantine | 1100 Franken |
| Nonfood (Waschmittel, Körperpflege) | 250 Franken |
| | **1350 Franken** |
| **Persönliche Ausgaben** | |
| Frau: Kleider, Schuhe, Coiffeur, Freizeit | 250 Franken |
| Mann: Kleider, Schuhe, Coiffeur, Freizeit | 250 Franken |
| Kinder: Kleider, Schuhe, Babysitter/Krabbelgruppe | 260 Franken |
| | **760 Franken** |
| **Rückstellungen** | |
| Franchise Krankenkasse, Zahnarzt, Optiker | 140 Franken |
| Geschenke, Spenden | 60 Franken |
| Ferien | 300 Franken |
| Reserve | 100 Franken |
| | **600 Franken** |

Das Paar verfolgt ein Prinzip: kein Verzicht auf Ferien,
zeitlich wie finanziell. Für die Auszeit lautet die Devise:
leichte Einsparungen bei den Fixkosten, wenig neue

Aufwendungen. Eine Börse für temporären Haustausch arrangiert die Unterkunft. Eine Lehrerin aus San Diego zieht in Wollishofen ein, die Familie übernimmt deren Finca im Nappa Valley. Diese Lösung bringt Vorteile: Gratis-Logis, funktionierende Infrastruktur, rascher Kontakt zu den Nachbarn. Und Pluspunkte vor Ort: tiefere Preise für Haushalt, Verkehr und Freizeit.

Hinsichtlich des Time-out schlagen zu Buche: der Flug sowie der erweiterte Versicherungsschutz. Den College-

## Monatsbudget Time-out

| | |
|---|---|
| Eingesetzte Summe pro Monat, gleich wie zuhause | 6500 Franken |
| **Feste Verpflichtungen** | |
| Wohnen | 1500 Franken |
| Steuern | 700 Franken |
| Krankenkasse | 700 Franken |
| Versicherungen (Hausrat, Privathaftpflicht) | 100 Franken |
| Reiseversicherung, Gönnerausweis | |
| Rettungsflugwacht | 300 Franken |
| Telefon und TV (inklusive Handy, Internet) | 200 Franken |
| Strom, Gas, Wasser | 100 Franken |
| | **3600 Franken** |
| **Unterwegs** | |
| Unterkunft | – Franken |
| Lebensmittel, Getränke | 700 Franken |
| Nonfood (Waschmittel, Körperpflege) | 100 Franken |
| Verkehrsmittel (Flug, Inland-Transfers) | 1200 Franken |
| Benzin | 50 Franken |
| Kleider, Schuhe, Ausrüstung | 150 Franken |
| Souvenirs | 50 Franken |
| | **2200 Franken** |
| **Rückstellungen** | |
| Franchise Krankenkasse, Zahnarzt, Optiker | 140 Franken |
| Ausflüge | 260 Franken |
| Ferien | 200 Franken |
| Reserve | 100 Franken |
| | **700 Franken** |

besuch finanziert die Firma. Im letzten Moment least ein Freund Nicks Auto. Einziger Wermutstropfen: der Verzicht auf das lang ersehnte Designersofa.

Um böse Überraschungen zu vermeiden, notiert das Paar sämtliche Ein- und Ausgänge. Bestärkt werden die 34-Jährigen durch Silberstreifen am Finanzhorizont (angekündigte Lohnerhöhung für ihn, Temporärjob für sie). Ein Umstand entlastet das Familienbudget: Die Hinfahrt lässt sich mit einem Geschäftstermin kombinieren (Rückvergütung eines Teils der Flugkosten).

Fazit von Auszeiterin Lea: «Es ist ein Irrglauben, dass ein solches Unternehmen kostspielig ist. Im Gegenteil, es gibt wohl kaum etwas, das auf die Dauer mehr Geld verschlingt als das Leben in einer westlichen Grossstadt. Hier müssen wir ständig einteilen, rechnen. Ohne Highlights...»

## Ein Wort zu den Steuern

Mit der Gegenwartsbesteuerung hat der Staat einen Systemwechsel eingeleitet: Er stützt sich stärker auf aktuelle Daten. Die jährliche Deklaration scheint aufwändiger, dafür werden neue Situationen sofort berücksichtigt: bei Verdienstausfall, einem Hauskauf oder der Gründung einer Familie. Gleichwohl lohnt es sich, für Fragen zu einer Auszeit eine Steuerberaterin oder die zuständigen Behörden zu konsultieren. Wenn Sie weniger als sechs Monate lang verreisen, erkundigen Sie sich, was vorteilhafter ist: Weiterhin in der Schweiz Steuern zahlen oder sich abmelden? Informieren Sie sich über die Abzugsmöglichkeiten, wenn Sie Ihre Auszeit als Weiterbildung deklarieren. Der Spielraum gestaltet sich je nach Kanton unterschiedlich. Unerlässlich ist das Aufbewahren wichtiger Unterlagen wie Kursbestätigung, Einzahlungsbelege oder Quittungen.

## Zahlungsmittel unterwegs

Der Mix machts! Wählen Sie ein Dreier-Paket: Bargeld, Kredit-/Maestro-Karte und Cheques. Letztere lassen sich auch als Cash Card nutzen. In einzelnen Ländern gibt es Zweitwährungen, zum Beispiel Dollars. Andere Staaten kennen Einfuhrlimiten betreffend Fremd- oder Eigenwährungen. Häufig ist «Change» nur an lizenzierten Schaltern erlaubt. Der Kurs bei exotischen Währungen, wie dem Ägyptischen Pfund, erweist sich in Europa als überteuert.

Achten Sie darauf, kleine, gebrauchte Scheine zu erhalten. Kontrollieren Sie die Servicetaxen, zulässig sind fünf bis zehn Prozent der Gesamtsumme. Wer seinen Batzen auf der Strasse tauscht, gerät leicht in die Fänge von Trickdieben. Übrigens: Schweizerische Bankinstitute wechseln keine Rubel- oder Peso-Münzen. Setzen Sie diese als Trinkgeld ein. Spenden Sie den Rest einer wohltätigen Organisation. Sammelbüchsen finden sich in Bahnhöfen, bei Fluggesellschaften oder der Unicef.

# Der Aufbruch naht: Organisation

Die Richtung bestimmt, den Chef überzeugt, die Finanzierung geregelt? Jetzt können Sie loslegen: Ausschau halten hinsichtlich Schule, Unterkunft und Zwischenverdienst. Dazu Vorkehrungen treffen (Flug, Wohnung, Haustier). Und sich absichern im Bereich Recht und Versicherung. Ausserdem ist es nun Zeit für die Vorfreude!

## Administratives, Formalitäten

Es gibt Minimalisten, die sich knapp ausrüsten. Und Unerschrockene, die in die Südsee stechen, mit einem Zettel: Job klären, Schiff kaufen, Finanzierung prüfen. Falls Sie nicht gern improvisieren, gleisen Sie ein paar Dinge rechtzeitig auf – Administratives zum Beispiel. Selbst wenn Ihnen der Papierkram zuwider ist, ganz ausblenden sollten Sie ihn nicht. Rechtzeitig zu regeln sind etwa:

**Notwendige Abklärungen**

- Einreiseformalitäten: Welche Papiere brauche ich für die Einreise im Zielland (Visa, Aufenthaltsbewilligung)?
- Gesundheit: Welche Vorkehrungen sind zu treffen (Impfungen, Reiseapotheke, Höhentraining)? Benötige ich eine Zusatzversicherung der Krankenkasse?
- Versicherungsschutz: Welche Risiken lassen sich wie auffangen? Ausführliche Informationen dazu finden Sie im Kapitel «Recht und Versicherungen» (Seite 70).
- Haus, Wohnung: Wer schaut zur Loge? Grundlegende Tipps siehe Seite 67.
- Abmelden: Wen orientiere ich über meine Abwesenheit? Dazu gehören je nach Dauer und Situation die Vermieterin, das Wasser- und Elektrizitätswerk, die Post usw.

- Einwohnerkontrolle: Muss ich mich abmelden? (Achtung: unterschiedliche Vorschriften je nach Gemeinde oder Kanton!)
- Fiskus: Verbindung zur Steuerverwaltung aufnehmen, inklusive Beratung (Abzüge, Hochrechnung des Einkommens, Rückforderung der Verrechnungssteuer).
- Militärdienst: Wenn Sie weniger als ein Jahr weg sind, empfiehlt sich ein Gesuch um Dienstverschiebung bzw. Befreiung von der obligatorischen Schiesspflicht. Bei längerem Fernbleiben muss ein militärischer Auslandsurlaub beantragt werden (Formular beim Sektionschef erhältlich).
- Zivildienst: Auch hier sind Absenzen von mehr als einem Jahr bewilligungspflichtig. Erkundigen Sie sich bei der zuständigen Regionalstelle.
- Führerschein: Prüfen Sie die Anerkennung/Gültigkeit Ihrer Ausweise im Zufahrts- und Zielgebiet.
- Auto: Wenn Sie Ihren eigenen Wagen lenken, klären Sie ab, wie lange Sie mit Schweizer Kontrollschildern unterwegs sein dürfen und was es anderweitig zu beachten gilt. Die Internetseite www.asa.ch listet die kantonalen Strassenverkehrsämter auf, zudem lassen sich Merkblätter und Tipps ausdrucken. Auskunft zu Vollkasko, Fahrzeug-Assistance etc. gibt das Kapitel «Gut vorbereitet: Recht und Versicherungen» (Seite 70).

Die Liste variiert je nach Art und Länge des Aufenthalts. Hier die Hinweise von Kai, 46, einem Amerika-Kenner:

*«Ich informiere mich frühzeitig über Anmeldefristen sowie die Ausstellung nützlicher Dokumente. Unsere Behörden sind verpflichtet, Anfragen von Privatpersonen zu beantworten. Ungekehrt muss – wer länger als drei Monate im Ausland weilt – die Gemeinde orientieren, selbst wenn der Wohnsitz nicht verlegt wird. Dann das Berufliche: Was brauche ich vom Chef (Flugmeilen,*

*Empfehlungsschreiben, Presseausweis)? Sechs Wochen*
*vor Reiseantritt nehme ich einen Check-up vor. Die Ärz-*
*tin verschreibt mir die notwendigen Medikamente. Zu-*
*letzt rufe ich die Krankenkasse an, wegen ergänzender*
*Leistungen. Tja, und dann bestelle ich die Zeitung ab.*
*Am selben Tag wissen es der Postbote, der Steuersekre-*
*tär und die gesamte Nachbarschaft.»*

## Arbeiten und Lernen

Zu Beginn eine Einschränkung: Der nachstehende Text
äussert sich nicht zu Expatriates (Leute, die hauptberuf-
lich einen Auslandjob antreten) oder definitiver Auswanderung. Weiter gilt er nicht für Kinder und Jugendliche.
Diese dürfen erst ab 13 Jahren beschäftigt werden, unter Einhaltung strikter Normen. Minderjährige benötigen zudem das Einverständnis der Eltern.

### Job in Timbuktu?

Auf Schweizerinnen hat der internationale Arbeitsmarkt
nicht gewartet. Selbst die – bei Berufseinsteigern popu-
lären – Geschäftsreisen werden reduziert, Flüge durch
Videokonferenzen, Fax und E-Mail ersetzt. Ein Licht-
blick: Seit dem 1. Juni 2002 sind die bilateralen Verträge
in Kraft. Niederlassung und Tätigkeit im EU-Raum gestalten sich leichter. Ausserhalb von Europa formuliert
jeder Staat andere Bedingungen für Einreise, Jobsuche,
die Anerkennung von Diplomen. Für Informationen
kontaktieren Sie die zuständigen Botschaften oder das
Staatssekretariat für Wirtschaft in Bern. Eine nützliche
Internetadresse ist www.swissemigration.ch (vergleiche
Seite 30).

Börsen für Temporärjobs oder Au-pair-Agenturen inse-
rieren im Internet. Neu dürfen Schweizer Bürgerinnen
und Bürger auch Dienstleistungen von Arbeitsämtern in
EU-Staaten in Anspruch nehmen, real und virtuell.

**Erleichterte
Bedingungen
in der EU**

Je nach Reiseziel lässt sich vorgängig etwas arrangieren. Oder Sie schauen sich vor Ort um; möglichst so, dass Sie nicht in Clinch mit Ihrem bisherigen Arbeitsgeber geraten, den Sie natürlich auf keinen Fall konkurrenzieren dürfen. Sie gefährden sonst Ihre Rückkehrgarantie! Einsätze als Erntehelferin, Tennislehrer oder Matrose tangieren eine Wettbewerbsklausel kaum. Gefragt sind ausserdem:

- handwerkliche Fähigkeiten (Schlosser, Spenglerin, Gärtner)
- Dienstleistungen für Übersetzung, Sprachunterricht, Animation
- Aushilfe in Service, Küche oder Verkauf
- Babysitting, Flair für Haushalt und Reinigung.

Der Vorteil: klingende Münze, Zugang zu Land und Leuten. Der Nachteil: beschränkte Auswahl, geringes Einkommen (tiefes Lohnniveau, eventuell Arbeitsverbot für die Partnerin). Erfahrungen können auch ernüchternd ausfallen. Die Architektin Leonie, 28, schildert dies so:

**Die Kehrseite** «Man stellt es sich fantastisch vor. Dort jobben, wo andere Urlaub machen: Sonne, Strand, Meer. Die Kehrseite der Medaille glänzte weniger. Ich musste tauchen, selbst wenn mir nicht danach war. Die Familie fehlte, Freunde, Vertrautes. Nachts träumte ich von Schnee auf hohen Bergen.»

## Job in der Schweiz

Temporäre Einsätze eignen sich als Einstieg, Übergang oder Abwechslung. Sie öffnen den Blick für Neues und verhindern eine Lücke im Lebenslauf. Zudem lässt sich mit unterschiedlichen Modellen experimentieren (Telearbeit, Teilzeit, Job-Sharing). Zunächst müssen Sie jedoch wissen, wie frei beziehungsweise gebunden Sie an die bisherige Firma sind, etwa durch Gebote wie die Wahrung von Betriebsgeheimnissen, ein Konkurrenzverbot.

Zwischenverdienste bewegen sich häufig in einer Grauzone. Beharren Sie auf klaren Abmachungen, insbesondere bei flexiblen Arbeitsverhältnissen wie Arbeit auf Abruf, im Auftrag oder als Aushilfe. Verlangen Sie eine detaillierte Lohnabrechnung, auf welcher die Abrechnung mit den Sozialversicherungen (AHV/IV/ALV, Pensionskasse, Unfallversicherung) deutlich hervorgeht.

Vorsicht bei speziellen Arbeitsverhältnissen

## Sonderfall Selbständige

Selbständig erwerbend? Der grösste Vorteil: Sie müssen keinen Chef um Erlaubnis für Ihr Vorhaben fragen. Der grösste Nachteil: Sie tragen weiterhin die Verantwortung, gegenüber der Bank, den Kundinnen und Angestellten. Zur persönlichen Herausforderung gesellt sich das unternehmerische Risiko. Dabei sind gerade Unternehmer oft ausgebrannt, reif für die Insel. Eigentlich müssten sie regelmässig in Klausur gehen! Einfacher gehts, wenn der Geschäftsgang nicht direkt auf eine Person bezogen ist, sich neue Lösungen eröffnen: für eine Wiedereinsteigerin, den Juniorchef oder für die bisherige Nummer 2.

Vorteile, Nachteile

Falls Sie die «Ich-AG» erst aufbauen, können Sie dies während der Auszeit vorbereiten. Im EU-Gebiet erhalten Sie für die Gründungsphase eine Aufenthaltserlaubnis von sechs Monaten, ausdehnbar auf acht Monate. Wenn Sie danach den Nachweis erbringen, dass Sie eine selbständige Tätigkeit ausüben, winkt eine Fünf-Jahres-Bewilligung. Achtung: Für die Ausübung bestimmter Berufe müssen Sie die geforderten Qualifikationen nachweisen können (Ärzte, Architektinnen usw.).

## Ausbildung: Begehrt und hart

Der Bildungsmarkt kennt keine Grenzen. Attraktiv ist die Teilnahme an einem offiziellen Austauschprogramm, zum Beispiel der EU, von Universitäten und Fachverbänden. Je unbekannter eine Destination, desto höher die Wahrscheinlichkeit für eine Zusage. Wissen erwirbt man

Institute sorgfältig abchecken

indes auch anderswo, in Sprachkursen oder Praktika (UNO, Unicef, WHO). Bei grossem Andrang wird selektioniert. Das gilt auch für Anwärter auf den Master of Business Administration (MBA), die sich an Topschulen bewerben.

Für jede Ausbildung – vom einfachen Sprachkurs bis zum Vollstudium – ist die Wahl des jeweiligen Instituts zentral. Es lohnt sich, die Zeit für eine sorgfältige Evaluierung zu investieren. Adressen, Literatur sowie Tipps finden Sie im Anhang dieses Ratgebers.

## Eine Reise buchen

Reisen kann ins Geld gehen. Es gibt allerdings auch günstige Varianten: mit dem Velo, einem Fährschiff oder der Mitfahrzentrale. Nahezu kostenlos ist die Unterkunft auf der Alp oder auf einem Hausboot. International bewähren sich Organisationen für den Haus- oder Wohnungstausch (z.B. Home Exchange) sowie die Zimmervermittlung der Hochschulen. Alternativen: das Studentenheim, eine Wohngemeinschaft oder Freunde in derselben Stadt.

Für die Mithilfe bei der Weinlese, einer Impfaktion oder Wahlbeobachtung erhält man meist Kost und Logis. Ausser der Anlass sei derart begehrt, dass dafür ein Obolus zu zahlen ist; etwa bei einer Urwald-Expedition oder der Ananasernte auf Hawaii…

Bescheiden lebt es sich in Asien, dafür fällt der Flug ins Gewicht. Buchen Sie über das Internet! Reduktionen ergeben sich durch folgende Faktoren: Start/Landung unter der Woche, zu wenig begehrten Zeiten sowie mit neuen Gesellschaften (Einstiegspreis, Aktionen, Familienrabatt). Prüfen Sie den Umweg über Frankfurt oder Amsterdam. Hinweise zur Reise selbst finden Sie in der Checkliste «Flott unterwegs: Zehn Tipps für die Reise» im Anhang.

## Nützliches für unterwegs

Hier eine Liste der Dinge, die Sie einstecken sollten:

- Pass oder Identitätskarte
- Visum, Arbeits- oder Aufenthaltsbewilligung
- Flugticket, Billette, Abonnement für Bus oder Bahn
- Hotelreservation, Voucher
- Impf-/Blutgruppenausweis
- Emergency-Card mit Angaben zu Herzfehler, Allergien oder der Unverträglichkeit von Penizillin. Bei seltenen Medikamenten Wirkstoffe, Hersteller und Ersatzmittel anführen!
- Bargeld, Kreditkarten, Reise-Cheques
- Hotline-Nummern der Versicherungen
- Führerschein, Schutzbrief
- Lizenzen fürs Tauchen, Fliegen, Motorbootfahren
- Kompass
- Strassenkarten, Fahrplan
- Agenda, Adressverzeichnis
- Tagebuch, Notizheft
- Post-it, Stifte
- Lektüre fürs Gemüt (Roman, Bildband, Gedichte)
- für die Jungmannschaft: Stofftiere, Kartenspiele, Unterrichtsmaterial
- kleine Geschenke (für Erwachsene Ansichtskarten, T-Shirts oder Kugelschreiber, für Kinder Mützen, Nikitücher oder Kaugummi).

Separat aufbewahren: Unterlagen zu Bank- und Post-Konti. Fertigen Sie zur Sicherheit Kopien von Flugticket, Pass und Notfallnummern an. Hinterlegen Sie die Papiere bei Personen, welche über ein Faxgerät verfügen.

**Kopien hinterlegen**

## Wohnung: behalten oder nicht?

Für die einen ist es undenkbar, das «eigene Reich» aufzugeben, während andere genau das einkalkulieren. Wenn unklar ist, wo Sie sich anschliessend niederlassen, liegt ein solcher Schritt auf der Hand. Er senkt die Fixkosten (vergleiche Kapitel «Geld: Wie finanziere ich ein Time-out?») und drängt sich dann auf, wenn Sie allein leben. Umgekehrt lassen sich Räume untervermieten, Möbel einstellen, die Dienstwohnung abtreten.

Bleibt die Frage, wer hin und wieder zum Rechten schaut. Am besten Nachbarn, Freunde oder Verwandte. Professionelle Hütedienste bilden eine – nicht ganz kostengünstige – Alternative. Holen Sie Referenzen ein, achten Sie darauf, dass das Personal ausreichend versichert ist (Haftpflicht, Schadensfälle).

**Hütedienst: Laien oder Profis?**

Wenn Sie Liegenschaften besitzen, die Sie nicht selbst bewohnen, orientieren Sie die Verwaltung und den Hauswart. Bestimmen Sie eine Vertretung, eventuell muss eine Vollmacht ausgehändigt werden. Diesbezügliche Auskunft – ebenso zu Untermiete etc. – geben die Hauseigentümerverbände.

## Tiere

Falls Fifi Sie ins Ausland begleiten soll, studieren Sie rechtzeitig die Einfuhrrichtlinien! EU-Länder verlangen die Tollwutvorsorge, einen Mikrochip sowie tierärztliche Bescheinigungen. Konsultieren Sie frühzeitig die Website des Bundesamtes für Veterinärwesen (www.bvet. admin.ch).

Bei längerer Abwesenheit ist der Terrier in einem Tierheim gut aufgehoben. Besser als bei Bekannten, welche – angesichts von lädierten Möbeln – schnell die Geduld verlieren oder die rechtlichen Folgen ihrer Aufsichtspflicht unterschätzen (Wildern, Sachbeschädigung).

Liebäugeln Sie mit einer Katze? Dann eignet sich das Sabbatical, wenn Sie es zu Hause verbringen. Ansonsten bildet Maudi eine Option für nachher.

### Erfahrungsbericht: Folge deinem Stern

Mark, 32, Disponent, liebt das Unkonventionelle. Vor zwei Jahren bestieg er ein Schiff. Ohne Vorbereitung, nur mit einem Rucksack. Einiges organisierte er sofort (Visum, Ticket), anderes holte er nach (Job, Haus, Versicherung). Ab und zu geriet er ganz schön ins Straucheln. Dafür bescheinigt er sich heute Flexibilität und Improvisationstalent. Mark berichtet:

■ *Die Idee lag in der Luft. Genua sollte klären, wohin die Reise geht. Informieren, Konferieren, Administratives… nicht mein Ding. Irgendwann heisst es Ja oder Nein. Gründe fürs Aufschieben finden sich alleweil.*
*Ich ziehe regelmässig los. Als Schutz vor dem Ausbrennen, um den Aussenblick zu wahren. Unterwegs muss ich mir wieder überlegen, was ich will. Zuversicht ist eine tolle Eigenschaft. Erstaunlich, was sich von selber ergibt! Oder man stellt sich auf das ein, was ist: Höhenflüge, Seenot, harte Landungen. Was wäre eine Überfahrt ohne Wirbelstürme, Magenkrämpfe oder durchwachte Nächte? Wie sonst hätte Hans Magnus Enzensberger die Berichte für sein Buch «Nie mehr! Die schlimmsten Reisen der Welt» zusammengekriegt?! Die einen langweilen sich zu Tode, andere verlieren den Verstand, dritte nehmen Reissaus. Solche Erlebnisse verhelfen zu Gelassenheit. Und seit mein Koffer auf dem Meeresboden ruht, trage ich das Nötigste direkt auf mir.*
*Frisch zurück, erhalte ich immer wieder Jobangebote. Offenheit macht sich bezahlt, Ungebundenheit wirkt reizvoll. Darauf eingetreten bin ich nie. Aber geschnuppert hab ich, die Fühler ausgestreckt. Aktuell verfasse ich ein, zwei Artikel. Bringt nicht das grosse Geld, aber vielleicht den Einstieg in den Journalismus? Meine Zähigkeit zahlt sich aus, auch im Beruf. Ich bin gefragt: wenn ein Chauffeur streikt, Lieferpapiere fehlen, der Zoll klemmt. Fürs Troubleshooting ruft man mich. Und falls sich ein Auslandaufenthalt ergibt, bin ich gewappnet.* ■

# Gut vorbereitet: Recht und Versicherungen

Recht haben und Recht bekommen sind zwei paar Schuhe. Zur beruflichen Auszeit kennt das Gesetz kaum Regelungen. Nutzen Sie diese Chance! Sie ermöglicht kreative Lösungen, welche meist *Sie* dem Arbeitgeber unterbreiten müssen. Anders sieht es bei Versicherungen aus. Hier zählt die korrekte Einschätzung, hinsichtlich Risiken und Vorsorge.

Ein Time-out ist eine Wundertüte: toll anzusehen und voller Überraschungen! Deshalb lohnt sich professionelle Beratung, insbesondere bei einem unbezahlten Urlaub zwischen zwei Stellen oder kurz vor der Pensionierung. Für allgemeine Informationen eignet sich das Internet. Für konkrete Auskünfte ist es unumgänglich, Spezialisten aufzusuchen: den Anwalt, die Treuhänderin, den Versicherungsexperten.

**Gut informiert ist halb gewonnen**

## Arbeitsrecht: die wichtigsten Fragen

Das Schweizerische Arbeitsrecht äussert sich weder zu einer offiziellen Auszeit noch zu begünstigenden Vorkehrungen. Auch der unbezahlte Urlaub ist weder im Obligationenrecht (OR) noch im Arbeitsgesetz ein Thema. Einzige Ausnahme: Junge Leute unter 30 Jahren haben das Recht auf eine Woche unbezahlten Urlaub jährlich für unentgeltliche, leitende betreuende oder beratende Tätigkeit im Rahmen ausserschulischer Jugendarbeit. Über den Zeitpunkt müssen sich Arbeitnehmer und Arbeitgeber einigen (Art. 329e OR). In den übrigen Fällen kommen interne Regelungen oder firmenspezifische Angebote zur Anwendung – häufig für einzelne

Angestelltengruppen (Kader, Frauen, langjährige Mitarbeitende). Wo solche Richtlinien fehlen, bleibt nichts anderes übrig, als die Einzelheiten individuell auszuhandeln.

## Wie fortschrittlich ist mein Arbeitsvertrag?

Meist denkt man bei der Einstellung weniger an ein Time-out denn an die neue Herausforderung. Wenn Ihnen das Glück hold ist, hat der Arbeitgeber Langzeiturlaube vorgemerkt, etwa bei internationalen Konzernen. Günstig wirken sich ausserdem aus:

- flexible Arbeitsmodelle (Jahresarbeitszeit, Jobsharing, Teilzeitkarriere)
- variable Laufbahnstrukturen (vertikale und horizontale Karriere)
- Ferienanspruch über dem gesetzlichen Minimum (fünf Wochen für alle, individuelle Ausdehnung)
- Freistellung für soziokulturelle oder staatsbürgerliche Aktivitäten
- Anreize zu einem Auslandaufenthalt oder der Teilnahme an internationalen Kongressen
- Elternschaftsurlaub (für Frauen und Männer, Option auf Verlängerung)
- gestaffelte Pensionierung, Weiterbeschäftigung als Senior Consultant oder Coach
- Gehalt über dem gesetzlichen Mindestlohn
- Zusatzleistungen bei Entlassung (Laufbahnberatung, finanzielle Abfindung).

## Muss die Arbeitgeberin auf ein Sabbatical-Gesuch eintreten?

Grundsätzlich besteht kein Recht auf Urlaub, welcher über die vertraglich vereinbarte Anzahl Ferientage hinausgeht. Ausnahme: Wenn Ihr Arbeitsvertrag oder ein für Sie geltender Gesamtarbeitsvertrag (GAV) Sonderurlaube unter bestimmten Voraussetzungen vorsieht. Selbst wenn dies der Fall ist, muss der Bezug jeweils in-

**Zugpferde fördern**

dividuell mit den Vorgesetzten ausgehandelt und abgesprochen werden. Studieren Sie die Auflagen, kontaktieren Sie «Vorläuferinnen», gewinnen Sie das Team für Ihre Idee. Dadurch steigt die Wahrscheinlichkeit einer Realisierung! Ein kategorisches «Nein» des Arbeitgebers zeugt von Angst oder Rückständigkeit. Längerfristig kratzt eine solche Haltung am Image der Firma, kurzfristig vergrault sie ambitionierte Leute.

## Wie verbindlich sind die Zusagen eines Vorgesetzten?

Ein Arbeitsvertrag lässt sich – entgegen der verbreiteten Ansicht – auch mündlich abschliessen. Das gilt ebenfalls für spezielle Zugeständnisse: Mündliche Zusagen sind grundsätzlich verbindlich. Allerdings lassen sie sich nicht immer belegen und können sich deshalb als wertlos erweisen, wenn der Chef plötzlich nichts mehr davon wissen will. Wenn Sie einen unbezahlten Urlaub mit Ihrem Arbeitgeber ausgehandelt haben, sollten Sie daher darauf bestehen, dass die Einzelheiten schwarz auf weiss festgelegt werden (siehe nebenan). Ändert der Arbeitgeber einseitig die Konditionen, handelt es sich um einen Vertragsbruch, gegen den man sich zur Wehr setzen kann.

Schwarz auf weiss

## Kann ein Time-out an Bedingungen geknüpft werden?

Wenn Sie nicht aufgrund Ihres Vertrages ein Recht auf einen Sonderurlaub haben, müssen Sie die Spielregeln mit dem Arbeitgeber absprechen. Dabei sind verschiedene Abmachungen denkbar, solange diese nicht gegen gesetzliche Bestimmungen verstossen. So können Sie sich beispielsweise schriftlich verpflichten, nach dem Urlaub noch ein bis zwei Jahre im Betrieb zu verbleiben. Dies ist zulässig, solange das Kündigungsverbot auch für den Arbeitgeber gilt und Ihre berufliche Freiheit nicht übermässig eingeschränkt wird. Das Gewähren ei-

Konsequenzen prüfen!

nes Sabbaticals anstelle einer Lohnerhöhung ist ebenfalls vorstellbar. Wichtig: Wenn der Arbeitgeber Ihr Time-
out nur unter bestimmten Bedingungen zulassen will,
sollten Sie Bedenkzeit verlangen und prüfen, welche
Konsequenzen dies für Sie hat. Falls Ihnen die Bedingungen unangemessen erscheinen, lassen Sie sich recht-
lich beraten.

## Was gehört in eine Vereinbarung?

Wenn Ihre Arbeitgeberin Sie nach Ihrer Rückkehr weiterhin beschäftigen will, ist eine schriftliche Vereinbarung ein Muss. Vage Absichtserklärungen sind wertlos,
wenn es nach Ihrer Auszeit zu Differenzen kommt. Der
Teufel steckt wie überall im Detail. Regeln Sie folgende
Punkte (Muster im Anhang):

**Regeln Sie diese Punkte**

- Dauer und Zweck der Auszeit
- Können Sie an den ursprünglichen oder an einen
  gleichwertigen Arbeitsplatz zurückkehren? Legen Sie
  den geplanten Zeitpunkt für die Wiederaufnahme der
  Arbeit genau fest (vgl. «Erwerbsausfall», Seite 85).
- Beteiligt sich die Arbeitgeberin an den Kosten? Müs-
  sen Sie im Gegenzug irgendwelche Bedingungen er-
  füllen?
- Wie steht es mit Lohnzahlungen? Werden die Sozial-
  leistungen aufrechterhalten? (Mehr dazu ab Seite 80.)
- Für wen und wie oft müssen Sie erreichbar sein? (Tipp:
  Halten Sie sich nur im Notfall und für ausgewählte Per-
  sonen zur Verfügung.)
- Was gilt, wenn Sie während der Auszeit wegen Unfall
  oder Krankheit arbeitsunfähig werden?
- Eventuell vom Arbeitsvertrag abweichende, längere
  Kündigungsfristen.

## Darf die Zusicherung kurzfristig zurückgezogen werden?

Eine Auszeit sollte – wie Ferien – nur in dringenden Fällen verschoben werden. Zulässig ist dies nur, wenn ein-

deutige betriebliche Interessen vorliegen. Im Falle einer terminlichen Änderung sind allfällige Unkosten durch die Firma zu ersetzen. Wenn Sie zweifeln, ob es klappt: Lieber eine vorbeugende Klausel in den Vertrag einbauen!

## Wie schütze ich mich davor, die Karriereleiter hinunterzufallen?

Betonen Sie bereits im Vorfeld, dass Sie in die bisherige Funktion zurückkehren möchten (falls Sie während Ihrer Abwesenheit eine zusätzliche Qualifikation erwerben, auch auf eine höhere Stufe). Halten Sie diesen Aspekt in der Vereinbarung fest. Nicht dass Sie weiterhin den Titel «Abteilungsleiterin» führen, aber keine Leute mehr...

Die zweitbeste Möglichkeit: Die Firma sichert Ihnen zu, dass Ihnen eine gleichwertige Position offen gehalten wird.

## Was muss ich bei einem unbezahlten Urlaub beachten?

Durch einen unbezahlten Urlaub wird der Arbeitsvertrag vorübergehend ausser Kraft gesetzt. Arbeitgeber und Arbeitnehmer sind von ihren Pflichten entbunden. Das hat Folgen:

- Wenn Sie über einen Monat unbezahlt freinehmen, müssen Sie mit einer Kürzung des ordentlichen Ferienanspruchs rechnen. Der Arbeitgeber darf pro vollen Monat der Abwesenheit einen Zwölftel Ihres Ferienanspruchs kürzen.
- Die Sozialversicherungen – AHV, Pensionskasse, Unfallversicherung – laufen nicht einfach weiter. Während der Abwesenheit müssen Sie sich um Ihren Versicherungsschutz kümmern. Weitere Informationen hierzu finden Sie im Kapitel über Sozialversicherungen (Seite 80).
- Während eines unbezahlten Urlaubs besteht grundsätzlich kein Kündigungsschutz. Es ist also möglich,

dass der Arbeitgeber Ihnen kündigt. Allerdings ist die Kündigung erst gültig, wenn Sie diese in Empfang nehmen können. Ein Genfer Gericht hat vor einiger Zeit entschieden, dass die Kündigungsfrist sogar erst mit der Wiederaufnahme der Arbeit zu laufen beginnt. Gegen eine Kündigung können Sie sich mit einer entsprechenden Klausel in der Vereinbarung absichern. Ein Kündigungsverzicht muss aber für beide Seiten gleichermassen gelten.

## Soll ich vor der Auszeit ein Arbeitszeugnis verlangen?

Wer sich absichern will, den Absprung nicht ausschliesst, tut gut daran, ein Arbeitszeugnis zu verlangen. Geschickterweise nicht beim «Okay», sondern erst kurz vor dem Aufbruch. Möglicherweise sitzt nachher jemand anderer auf dem Chefsessel – oder unterwegs winkt der Traumjob, für welchen Sie mit Vorteil eine aktuelle Referenz zücken. Falls Skepsis aufblitzt, versuchen Sie es mit einer scherzhaften Bemerkung: «Bis zu meiner Rückkehr sind Sie CEO in Kanada und mit ganz anderem als den zurückliegenden Leistungen einer Ehemaligen beschäftigt...». Schriftstück erhalten? Stecken Sie es nicht unbesehen ein. Lesen Sie das Papier durch. Ist es vollständig, präzise und wohlwollend (Bewertung von Leistung und Verhalten)? Tipp: Wenns heikel wird, reicht auch ein Empfehlungsschreiben, für eine Ausbildung oder Partnerfirmen im Ausland.

# Time-out nach einer Kündigung

Kündigen ist die konsequenteste Form des Ausstiegs – kein Zittern, keine Auskunftspflicht, keine Rechtfertigung. Steht ohnehin ein Wechsel an, scheint dieser Schritt nur folgerichtig. Ansonsten verlagert sich das Problem auf die Rückkehr.

Falls Sie kündigen, tun Sie es schriftlich, unter Einhaltung der gesetzlichen Kündigungsfrist (wichtig ist das Empfangs-, nicht das Aufgabedatum). Falls Ihnen gekündigt wird, sollten Sie auf korrekte Einhaltung der Kündigungsfristen achten. Bei Krankheit, Militärdienst oder Schwangerschaft geniessen Sie Kündigungsschutz. Nicht erlaubt sind ausserdem missbräuchliche Kündigungen. Suchen Sie im Zweifelsfall fachlichen Rat (Literatur, Expertinnen, Rechtsauskunft).

Übrigens: Einer Trennung gehen nicht selten Unzufriedenheit, Konflikte oder Mobbing voraus. Versuchen Sie vorher, die Situation zu bereinigen, statt im Streit von dannen zu ziehen, mit Ungeklärtem im Gepäck. Vielleicht lautet das Rezept «Aufarbeitung statt Sabbatical»?

## Arbeitslosigkeit nach der Auszeit

Wer ein Time-out nimmt, ist sie – zumindest für eine Weile – los: die Arbeit. «Arbeitslos» heisst im Idealfall «freigestellt von der beruflichen Tätigkeit», ganz oder teilweise bezahlt. Anders verhält es sich, wenn der Arbeitsvertrag aufgelöst wird, Stelle und Lohn entfallen. Dann sind Sie im klassischen Sinne «arbeitslos».

Den Job zu verlieren, ausgemustert zu werden kommt einem Schock gleich. Ziehen Sie sich auch bei einer erzwungenen Auszeit keinesfalls zurück. Im Gegenteil: Aktivieren Sie Ihr Beziehungsnetz, lassen Sie Bekannte, Kunden und Geschäftspartnerinnen wissen, dass Sie in
absehbarer Zeit eine neue Herausforderung suchen. Verlieren Sie den heimischen Arbeitsmarkt auch während Ihrer Abwesenheit nicht aus den Augen (Internet, Fachpublikationen). Spätestens gegen Ende Ihres Sabbaticals sollten Sie mit der intensiven Stellensuche beginnen. Dokumentieren Sie Ihre Bemühungen – falls Sie Arbeitslosengelder brauchen, müssen Sie Ihre Anstrengungen belegen können.

Sollten Sie sich entschliessen, Arbeitslosengeld zu beziehen, werden Bezugsberechtigung und Vermittelbarkeit überprüft. Bereiten Sie sich auf kritische Fragen vor: Wozu haben Sie den Auslandaufenthalt genutzt? Was hat Ihre Standortbestimmung gebracht? Ist die Bewerbungsmappe aktualisiert? Tipp: Ist nichts Definitives in Aussicht, bildet Jobben eine ideale Übergangslösung.

## Ferien vom Stempeln?

Vor den gesetzlichen Bestimmungen ein kleiner philosophischer Exkurs. Was meinen Sie zu folgender These: «Von heute auf morgen hat man mich auf die Strasse gestellt. Wenn ich schon nicht arbeiten darf, nehme ich mir die Freiheit heraus, nicht arbeiten zu müssen.»? In unseren Breitengraden stösst eine solche Haltung auf Unverständnis. Und finanziert wird sie auch nicht! In anderen Ländern hat sie – parallel zu einer hohen Zahl von Arbeitssuchenden – zu institutionalisierten Einrichtungen geführt:

- Time-out als bezahlte Neuorientierung
- Time-out als Erholung vom Bewerbungsmarathon
- Time-out als Auffangnetz (nach der Lehre, vor der Zwangspensionierung).

Hinzu gesellen sich fixe Auszeiten, Umstrukturierungen oder Rotationssysteme (zehn Leute für acht Stellen). So fördern die Niederlande seit 1998 Langzeiturlaube, wenn diese einer arbeitslosen Person eine Einsatzmöglichkeit eröffnen. Gemäss der Maxime: Wenn Schülerinnen oder Rentner das Bedürfnis nach Luftveränderung verspüren, weshalb nicht auch Erwerbslose? Noch verwirft die Schweiz offiziell finanzierte Massnahmen. Der nachstehende Abschnitt konzentriert sich deshalb auf die klassische Variante «Verlust des Arbeitsplatzes, Bezug von Arbeitslosengeldern». Übrigens: Ganz auf Ferien verzichten müssen Arbeitslose nicht. Nach drei Monaten kontrollierter Arbeitslosigkeit (= 60 Bezugstage) erwirken sie das Recht auf eine kontrollfreie Woche (= fünf aufeinander folgende Tage).

## Anspruch auf Arbeitslosenentschädigung

Wie verhält es sich, wenn Sie im Anschluss an eine Auszeit keine Arbeit finden? Das Arbeitslosenversicherungsgesetz Art 8 AVIG bezeichnet eine Person als anspruchsberechtigt, wenn sie

a. ganz oder teilweise arbeitslos ist
b. einen anrechenbaren Arbeitsausfall erlitten hat
c. in der Schweiz wohnt
d. die obligatorische Schulzeit zurückgelegt und weder das Rentenalter erreicht hat noch eine AHV-Rente bezieht
e. die Beitragszeit erfüllt hat oder von der Erfüllung der Beitragszeit befreit ist
f. vermittlungsfähig ist
g. die Kontrollvorschriften erfüllt.

Sind diese Voraussetzungen erfüllt, bezahlt die Arbeitslosenversicherung je nach Ihren Unterstützungspflichten 70 beziehungsweise 80 Prozent des zuletzt ausgerichteten Lohnes. Maximal versichert ist ein Monatslohn von 8900 Franken. In der Regel werden 400 Taggelder ausbezahlt (260 Taggelder, wenn Sie von der Beitragsleistung befreit sind; vgl. unten). Während des Bezugs von Arbeitslosenentschädigung sind Sie gegen Nichtberufsunfall, Invalidität und Todesfall minimal versichert.

## Knackpunkt Beitragszeit

Ob Sie Arbeitslosentaggelder beziehen können oder nicht, hängt wie oben erwähnt nicht zuletzt von der Beitragszeit ab. Diese haben Sie erfüllt, wenn Sie in den letzten zwei Jahren vor Ihrer Anmeldung beim Regionalen Arbeitsvermittlungszentrum (RAV) mindestens 12 Monate gearbeitet und Arbeitslosenversicherungsbeiträge bezahlt haben. Arbeitszeiten, die länger zurückliegen, werden nicht berücksichtigt. Diese Bestimmung kann zum Knackpunkt werden, wenn Sie ein längeres Time-out planen. Eine Weltreise von 12 Monaten und

**Ihr Time-out dauert länger als 12 Monate**

3 Tagen bedeutet, dass Ihr Anspruch auf Arbeitslosenunterstützung dahinfällt. Einen Ermessensspielraum gibt es nicht. Unter Umständen lohnt es sich, die Auszeit entsprechend zu beschränken. Immerhin: Wenn Sie in einem EU- oder EFTA-Land in einem Anstellungsverhältnis standen und danach in die Schweiz zurückkehren, wird Ihnen diese Erwerbstätigkeit als normale Beitragszeit angerechnet.

Ferner gibt es Zeiten, in denen keine Beiträge eingezahlt und die trotzdem angerechnet werden. So werden Arbeitsaufenthalte in einem Nicht-EU/EFTA-Land zwar nicht als Beitragszeit angerechnet. Wenn dieses Arbeitsverhältnis im Ausland aber mehr als ein Jahr gedauert hat, haben Sie trotzdem Anspruch auf ALV-Leistungen. Sie sind dann von der Erfüllung der Beitragszeit befreit und bekommen Ihr Taggeld aufgrund von Pauschalansätzen.

**Ausnahme: Arbeit ausserhalb von EU/EFTA**

Ebenfalls von der Erfüllung der Beitragszeit befreit sind Personen, welche sich mehr als 12 Monate zu Ausbildungszwecken im In- oder Ausland aufgehalten haben und deswegen nicht erwerbstätig sein konnten. Voraussetzung ist allerdings, dass sie ihren Wohnsitz vorher in der Schweiz hatten – mindestens zehn Jahre. Als weitere Befreiungsgründe gelten Krankheit oder Mutterschaft sowie die Betreuung pflegebedürftiger Personen (und der Aufenthalt in einer Schweizer Haft- oder Erziehungsanstalt).

**Ausnahme: Ausbildung**

Merkblätter über die Arbeitslosenversicherung, insbesondere auch über die Ansprüche der Auslandschweizerinnen und -schweizer können Sie im Internet abrufen (www.arbeitsbedingungen.ch).

## Wann drohen Einstelltage?

Einstelltage haben den Charakter von Sanktionen. Man muss die Kontrollvorschriften erfüllen, erhält aber keine Taggelder. Haben Rückkehrer von einem Time-out damit zu rechnen?

**Bemühungen dokumentieren**

Wenn Sie vor dem Aufbruch eine zumutbare Stelle gekündigt haben, werden die Gründe genau unter die Lupe genommen. Selbstverschuldete Arbeitslosigkeit kann bis zu 60 Einstelltage kosten, je nachdem, als wie gerechtfertigt (beziehungsweise leichtfertig) Ihr Handeln eingestuft wird. Gebüsst werden Sie zudem, wenn Sie sich ungenügend um einen neuen Job bemüht haben. Notieren Sie darum alle Bewerbungen und Kontakte, bewahren Sie E-Mails, Schriftstücke und Anmeldeformulare auf. Damit dokumentieren Sie der Arbeitslosenkasse gegenüber Ihre Anstrengungen.

Trotzdem: Hier liegt Konfliktpotenzial. Die Auszeit mag für Sie noch so bereichernd und sinnvoll gewesen sein, **Nicht jede Kröte schlucken** die Arbeitslosenversicherung wird dennoch in erster Linie die Tatsache sehen, dass Sie ohne Not eine Stelle aufgegeben haben (und jetzt ohne Verdienst dastehen). Allerdings haben Sie Rekursmöglichkeiten, wenn die Kasse Sie mit allzu harten Sanktionen bestrafen will. Lassen Sie sich beraten. Milder dürfte die Situation beurteilt werden, wenn Sie während Ihres Time-out eine Weiterbildung absolviert haben, die Ihre Chancen auf dem Arbeitsmarkt verbessert.

## Sozialversicherungen: gewusst wie

*Über den Wolken*
*muss die Freiheit wohl grenzenlos sein*
*alle Ängste, alle Sorgen, sagt man*
*blieben darunter verborgen und dann*
*würde, was uns gross und wichtig erscheint*
*plötzlich nichtig und klein.*

Der Liedtext von Reinhard Mey trifft den Charakter eines Time-out. Um es in vollen Zügen geniessen zu können, ist es indes wichtig, sich für Zwischenfälle zu wappnen und gegen Beitragslücken im Bereich der Altersvorsorge abzusichern. Schenken Sie deshalb den Sozialversicherungen gebührende Aufmerksamkeit. Dies betrifft insbesondere

- die Altersvorsorge (AHV, Pensionskasse, privates Sparen)
- die Unfallversicherung
- die Krankenversicherung
- den Erwerbsausfall
- den Schutz bei Invalidität und Tod.

Was Sie im Zusammenhang mit der Arbeitslosenversicherung beachten müssen, steht im Kapitel «Time-out nach einer Kündigung» (Seite 75).

Gehören Sie zu den Glücklichen, deren bisheriger Arbeitsvertrag während des Time-out weiter läuft? So bleibt der Versicherungsschutz lückenlos bestehen – und der Aufwand für weitere Vorkehrungen reduziert sich. Wenn Sie hingegen unbezahlten Urlaub nehmen oder Ihr Arbeitsverhältnis gar auflösen, gilt es, die richtigen Massnahmen zu treffen. Nachfolgend das Wichtigste in Kürze. Ein ausführliches Merkblatt zur Versicherungssituation bei unbezahltem Urlaub können Sie auf der Website der Stiftung zum Schutz der Versicherten ASSI herunterladen (www.assistiftung.ch, Suchfunktion benutzen).

**Versicherungslücken vermeiden**

---

**Die wichtigsten Internetadressen**

- www.ahv.ch (AHV/IV)
- www.bsv.admin.ch (BVG/Pensionskasse)
- www.bag.admin.ch (Krankenversicherung und Unfallversicherung)

Bei diesen offiziellen Stellen finden Sie weiterführende Links.

Eine informative Seite, welche von einem privaten Verein betrieben wird:

- www.bvgauskuenfte.ch

## 1. Säule: AHV, IV, EO

Trotz Vorfreude: Lassen Sie sich nicht zu Nachlässigkeiten verleiten! Beitragslücken in der AHV sind unbedingt zu vermeiden, denn sie wirken sich empfindlich auf die spätere Rente aus. Nehmen Sie rechtzeitig mit der zuständigen Ausgleichskasse – in der Regel die kantonale Ausgleichskasse an Ihrem Wohnsitz – Kontakt auf. Klären Sie ab, ob Sie Beiträge als Nichterwerbstätige leisten müssen, selbst wenn Sie lediglich für einige Monate Ihre Erwerbstätigkeit aufgeben.

Rentenkürzungen verhindern

Zusätzliche Beiträge als Nichterwerbstätige müssen Sie möglicherweise auch bei reduziertem Lohn (zum Beispiel während einer Ausbildung) zahlen. Machen Sie sich bei der Ausgleichskasse kundig.

## 2. Säule: Pensionskasse

Wenn Sie Ihre Stelle kündigen, endet mit dem Arbeitsverhältnis die Mitgliedschaft bei der Pensionskasse. Selbst wenn Sie während der Auszeit weiterhin einen Lohn beziehen, sind Sie möglicherweise nicht mehr bei der Pensionskasse versichert, wenn das Einkommen unter Fr. 1612.50 pro Monat beträgt.

Sie geben Ihre Stelle auf

Der Versicherungsschutz hält bis einen Monat über den Austritt hinaus an (Nachdeckung). Danach sind die Risiken Invalidität und Tod nicht mehr abgedeckt.

Klären Sie ab, ob und unter welchen Bedingungen Sie den Vorsorgeschutz bei der bisherigen Pensionskasse, bei der Auffangeinrichtung BVG (nationale Vorsorgeeinrichtung unter Aufsicht des Bundes) oder über eine Freizügigkeitspolice privater Versicherungsgesellschaften aufrechterhalten können.

Zügeln Sie Ihr Guthaben auf ein Freizügigkeitskonto bei einer Bank, geniessen Sie bei Invalidität oder im Todesfall keinen Versicherungsschutz mehr. Das Geld wird verzinst, bei Ableben an die Begünstigten ausbezahlt.

Wenn Sie nach der Auszeit an Ihren bisherigen Arbeitsplatz zurückkehren, das Arbeitsverhältnis also weitergeführt wird, kommt es dennoch zum Austritt aus der Pensionskasse – es sei denn, das Reglement sehe die Möglichkeit vor, den Versicherungsschutz weiterzuführen. Klären Sie ab, welche Optionen es bei Ihrer Pensionskasse gibt und ob eine Variante Ihre Bedürfnisse trifft. Die Alternativen bestehen erstens in einer vorübergehenden Befreiung von der Prämienzahlung (reine Verwaltung des Alterskapitals, keine Risikoabdeckung), zweitens in reduzierten Leistungen (Absicherung der Risiken Tod/Invalidität, ohne Sparanteil). Die Luxuslösung: Sie zahlen während der Auszeit die Arbeitnehmer- und die Arbeitgeberbeiträge. Eine teure Sache, doch Sie vermeiden eine Reduktion Ihres Alterskapitals!

Sie kehren in Ihre Firma zurück

## 3. Säule: Private Vorsorge

Das Säule-3a-Konto auf der Bank oder eine Säule-3a-Police bei einer Versicherung bleibt von einer beruflichen Pause unbeeinträchtigt.

Beim Säule-3a-Konto steht es Ihnen frei, einzuzahlen oder eben nicht. Steuermässig wirkt sich letzteres eher unvorteilhaft aus, dafür fliesst der Batzen direkt der Auszeit zu. Im Gegensatz dazu kann die jährliche Überweisung in die Säule-3a-Police nicht beliebig gehandhabt werden. Sie hat pünktlich zu erfolgen – auch wenn Sie aufgrund des Time-out vielleicht etwas knapp bei Kasse sind.

## Unfallversicherung

Ob Sie unbezahlten Urlaub nehmen oder kündigen: Nach 30 Tagen geniessen Sie keinen Versicherungsschutz mehr. Gerade bei der Unfallversicherung ist es indes wichtig, keine Lücken entstehen zu lassen.

Das Zauberwort heisst Abredeversicherung: Deren Abschluss verlängert den Versicherungsschutz beim Versicherer Ihres (bisherigen) Arbeitgebers bis maximal 180 Tage. Aufgleisen müssen Sie dies innert 30 Tagen nach Verlassen des Arbeitsplatzes. Der grosse Vorteil dieser

Gute Lösung: die Abredeversicherung

Lösung: Neben den Heilungskosten ist weiterhin der Lohnausfall gedeckt. Ein Taggeld fliesst jedoch erst vom Zeitpunkt der geplanten Wiederaufnahme der Erwerbstätigkeit an. Sollte ein Unfall gar zu einer Invalidität führen, zahlt die Unfallversicherung eine Rente.

Alternativen: Sie schliessen bei Ihrer Krankenkasse eine Unfallversicherung ab (oder heben eine früher sistierte Unfalldeckung wieder auf). Damit sind Sie allerdings gegen den Erwerbsausfall (siehe nebenan) nicht versichert, Franchise und Selbstbehalt gehen zu Ihren Lasten. Im Falle einer Invalidität wird zudem keine Rente entrichtet.

## Krankenversicherung

In der Schweiz ist die gesamte Bevölkerung obligatorisch krankenversichert. Ob Sie erwerbstätig sind oder im unbezahlten Urlaub weilen, spielt dabei keine Rolle. Wenn Sie über Ihren Arbeitgeber einer günstigen kollektiven Krankenpflegeversicherung angeschlossen sind, prüfen Sie, ob Sie diese Versicherung bei Kündigung oder unbezahltem Urlaub weiterführen können.

Verbringen Sie Ihre Auszeit in Malaga? Für einen Kurztrip reicht das Übliche (Grundversicherung der Krankenkasse, obligatorische Unfallversicherung). Bei längerer **Schutz im** Abwesenheit ist eine Zusatzversicherung für Heilungs-**Ausland** kosten im Ausland empfehlenswert. Sie können diese gezielt für die Dauer der Reise abschliessen. Informieren Sie sich bei Ihrem Krankenversicherer, wägen Sie Preise und Leistungen gegeneinander ab!

Für Amerika, Japan, Neuseeland oder Australien ist eine Zusatzversicherung unentbehrlich. In diesen Ländern kann die Deckung der Grundversicherung schnell unzureichend sein. Der Zusatz erstreckt sich auf ambulante Heilungskosten, Spitalrechnungen, Transporte und Rückführungen. Manchmal gehört auch Rechtsschutz dazu, unter Umständen die Übernahme von Unterkunftskosten der Angehörigen (etwa wenn diese zu Ihnen reisen müssen).

Achtung: Jahresreiseversicherungen decken Heilungs-kosten nicht ab! Viele Reisende wiegen sich in dieser Hinsicht in falscher Sicherheit.

## Erwerbsausfall

Gegen Erwerbsausfall wegen Krankheit gibt es Kranken-taggeld-Versicherungen. Diese sind in der Schweiz nicht obligatorisch, viele Arbeitgeber schliessen sie gleich-wohl für ihre Mitarbeiter ab. Wenn dies bei Ihnen der Fall ist und der Arbeitsvertrag während der Auszeit auf-rechterhalten bleibt, sollten Sie beim Arbeitgeber oder besser direkt bei der Krankentaggeld-Versicherung ab-klären, ob und wie Sie während des unbezahlten Ur-laubs versichert sind. Bei gewissen Versicherungen bleibt der Schutz aufrechterhalten, bei anderen besteht eine Nachdeckung, bei dritten endet der Schutz, sobald der unbezahlte Urlaub beginnt.

**Keine Taggelder im unbezahltem Urlaub**

In den beiden letztgenannten Fällen – und wenn Sie Ihre Stelle vor der Auszeit kündigen –, sollten Sie sich den Übertritt von der Kollektiv- in die Einzelversiche-rung überlegen. Die Prämien gehen dann zwar zu Ih-ren Lasten, und Sie haben während Ihres «Boxenstopps» auch keine Taggelder zugut, da in dieser Zeit kein Er-werbsausfall vorliegt. Bricht jedoch während des unbe-zahlten Urlaubs eine Krankheit aus, haben Sie vom Zeit-punkt der geplanten Wiederaufnahme der Arbeit an (Wiederantritt der Stelle, neue Stelle oder Anmeldung beim RAV) Anspruch auf Taggelder, falls die Arbeitsunfähigkeit dann noch andauert. Kehren Sie an den alten Arbeitsplatz zurück, legen Sie den Zeitpunkt des «Comebacks» in der schriftlichen Vereinbarung mit dem Arbeitgeber genau fest (siehe Seite 73). Dadurch schaffen Sie von Anfang an Klarheit und vermeiden unliebsame Überraschungen.

Verfügt Ihr Arbeitgeber nicht über eine Kollektiv-Krankentaggeldversicherung, winkt das private, kostspielige Modell: der Abschluss einer Taggeldversicherung bei Ihrer Krankenkasse oder einer Versicherung. Auch hier gilt: Die Versicherung zahlt frühestens ab dem Zeitpunkt der geplanten Wiederaufnahme der Erwerbstätigkeit.

## Invalidität und Tod

Invalidität bedeutet den dauerhaften, vollständigen oder teilweisen Verlust der Erwerbsfähigkeit. Entschädigt wird dieser durch die staatliche Invalidenversicherung (1. Säule/IV), die obligatorische Unfallversicherung sowie durch die Invaliditätsleistungen der Pensionskasse. Welche Massnahmen Sie treffen können, um diese Risiken während der Auszeit aufzufangen, steht oben (AHV und Pensionskasse Seite 82, Unfallversicherung Seite 83). Wenn Sie den Versicherungsschutz bei der Pensionskasse und der Unfallversicherung nicht weiterführen können (beziehungsweise wollen), bietet sich die Möglichkeit einer zeitlich begrenzten Todesfall-/Erwerbsunfähigkeitsversicherung. Holen Sie frühzeitig Offerten von verschiedenen Anbietern ein und vergleichen Sie Leistungen, Prämien, Konditionen usw.

# Privatversicherungen

Klären Sie rechtzeitig vor Reisebeginn ab, ob Sie – in Ergänzung zu Ihrem bestehenden Versicherungsschutz –

weitere Abschlüsse vornehmen sollten. In Frage kommen eine Annullationskosten-Versicherung, eine Personen- und/oder Fahrzeug-Assistance sowie eine Reisegepäckversicherung. Sie können eine Reiseversicherung als Gesamtpaket abschliessen oder für einzelne Bereiche. Prüfen Sie, welche Leistungen Ihre Hausratversicherung und Ihre Privathaftpflicht-Versicherung unterwegs erbringen. Zusätzliche Vorkehrungen sind nötig, wenn Sie mit Ihrem Fahrzeug ins Ausland gehen.

## Allgemeine Vorbereitungen

Melden Sie sich frühzeitig bei Ihrer Versicherung. Stellen Sie präzise Fragen, vergleichen Sie mehrere Angebote. Seien Sie nicht nur beim Time-out wählerisch, lassen Sie sich auch eine Police massschneidern; streichen Sie Unnötiges, vermeiden Sie Doppelspurigkeiten. Füllen Sie die Antragsformulare korrekt aus. Bei spezifischen Fragen zahlt sich der Gang zu einem neutralen Versicherungsberater aus; vertiefte Informationen finden Sie auch in Ratgebern, zum Beispiel in «Richtig versichert» (siehe Anhang).

Prüfen Sie den vorgelegten Vertrag, vor allem das Kleingedruckte! Und: Notieren Sie sich die Nummer der Hotline, nehmen Sie diese überallhin mit.

Wenn Sie eine Reise mit der Kreditkarte bezahlen, sind Sie ebenfalls gegen gewisse Risiken versichert. Aber Achtung: Dieser Schutz ist vielfältig limitiert. Konsultieren Sie unbedingt die entsprechenden Vertragsbedingungen!

## Reiseversicherungen

Hüpfen Sie von Kontinent zu Kontinent, halten Sie sich länger als acht Wochen im Ausland auf? Hier lohnt sich eine Jahresreiseversicherung, insbesondere für Annullationskosten und Gepäck. Je nach Ihren Plänen können Sie diese für Europa oder die ganze Welt abschliessen. Beachten Sie: Oft ist die Schweiz ausgeschlossen!

## Annullationskosten-Versicherung

Feuer, Nierenkolik, Konkurs des Reiseveranstalters: Das Schlimmste ist der Vorfall selbst, das Zweitschlimmste die verhinderte Reise. Zum Ärger kommen die finanziellen Folgen. Vor diesen bewahrt Sie eine Annullationskosten-Versicherung. Sie springt ein, wenn

- Sie oder Ihnen nahe stehende Personen, die mitreisen sollen, wegen eines unvorhergesehenen Ereignisses (Krankheit, Unfall) die Reise nicht antreten können;
- wenn nahe stehende Personen (etwa die Eltern) krank werden oder verunfallen;
- Ihr Eigentum oder Ihr Besitz durch Diebstahl, Feuer-, Wasser- oder Elementarschäden starkt beeinträchtigt wurde und Ihre Anwesenheit zu Hause erforderlich ist;
- höhere Gewalt oder Streiks die Reise verunmöglichen, sofern der Bund von der Durchführung der Reise abrät.

Informieren Sie sich sorgfältig über die Ausschlüsse, damit Sie sich nicht in falscher Sicherheit wiegen. Übrigens: Annullationskosten müssen Sie entgegen den Aussagen vieler Reisebüros nicht obligatorisch versichern!

**Ausschlüsse abklären**

Vermeiden Sie Doppeldeckungen (Jahresreiseversicherung, Schutzbrief). Lesen Sie die Bestimmungen genau und informieren Sie sich über Ihre Pflichten, etwa über das korrekte Vorgehen oder über die Meldefrist im Falle einer Erkrankung.

Eine Annullationskosten-Versicherung kommt bei Zwischenfällen vor der Reise zum Zug; während der Reise hilft eine Personen-Assistance-Versicherung weiter.

## Personen-Assistance-Versicherung

Eine solche Versicherung ist für Familien sowie für längere Reisen sinnvoll. Sie springt während der Reise ein, bei Krankheit, Unfall oder vorzeitiger Abreise (bedingt durch Aufruhr, Gewalt oder politische Unruhen). Der Leistungskatalog umfasst unter anderem die Kosten für

- die Überführung von schwer erkrankten bzw. verletzten Personen in ein Spital;
- die Rückreise, wenn Ihr Kind oder Partner zurückgeflogen werden muss;
- die Rückreise, wenn Angehörige schwer erkranken oder verunfallen;
- die Rückreise, wenn zu Hause ein Ereignis wie Brand oder Überschwemmung eingetreten ist;
- Such-, Bergungs- und Rettungskosten (meistens auf 20 000 Franken begrenzt);
- Reisekosten von Angehörigen, wenn Sie im Ausland im Spital landen;
- die ärztlich angeordnete Rückkehr an den Wohnort bzw. ein Spital in der Nähe.

Etliche Gesellschaften zahlen auch dann, wenn Sie plötzlich am Arbeitsplatz gebraucht werden, zum Beispiel weil die Stellvertretung ausfällt. Andere erstatten einen Teil der nicht beanspruchten Reise beziehungsweise ein Unfallkapital (bei Tod oder Invalidität). Selten können Sie die Personen-Assistance separat unterzeichnen, zumeist wird sie kombiniert in einer Jahresreiseversicherung angeboten. Achten Sie darauf, ob der Schutz geografisch eingegrenzt ist, etwa auf Europa.

## Reisegepäckversicherung
Bei den meisten Reiseversicherungen ist das Reisegepäck ohne speziellen Zusatz nicht geschützt. Bevor Sie eine weitere Police unterschreiben, studieren Sie den Deckungsumfang Ihrer Hausratversicherung. Vielfach genügt dieser, vor allem wenn der so genannte «einfache Diebstahl auswärts» eingeschlossen ist. Ein weiterer Vorteil: Die Hausratversicherung entschädigt den Neuwert, die Reisegepäckversicherungen oft nur den Zeitwert.
Mögliche Alternativen bilden die Erweiterung eines Schutzbriefs oder das Angebot Ihres Reisebüros. Prüfen Sie die Konditionen: Was wird wann vergütet, gehört

die Foto-/Videoausrüstung dazu? Gibts die Entschädigung nur bei Diebstahl oder auch bei Verlust bzw. Beschädigung? Zu welchem Ansatz (Neu- oder Zeitwert) und mit welchen Auflagen (Vorsicht bei der Beaufsichtigung, Selbstbehalt)?

Für Transportschäden am Gepäck haftet die Flug- oder Bahnlinie. Die Entschädigung basiert auf internationalen Abkommen und muss aktiv eingefordert werden. **Transportschäden** Sie ist jedoch limitiert. Prüfen Sie, ob Schäden am Gepäck über Ihre Hausratversicherung gedeckt sind. Wenn nicht, schliessen Sie eine Reisegepäckversicherung ab. Allerdings erbringt selbst diese oft nur eingeschränkte Leistungen. Tipp: Wertgegenstände separat versichern.

## Hausratversicherung, Privathaftpflicht-Versicherung

In der Police und in den allgemeinen Versicherungsbestimmungen steht, welche Risiken wo – zu Hause, unterwegs – und zu welchen Bedingungen versichert sind. **Bedürfnisse individuell klären** Vor einem längeren Auslandaufenthalt ist es sinnvoll, mit dem Versicherer Kontakt aufzunehmen und Ihre persönliche Versicherungssituation zu klären. Unter welchen Bedingungen sind etwa Bargeld und Wertsachen gegen Diebstahl versichert? Unbedingt empfehlenswert ist der Zusatz für einfachen Diebstahl auswärts in der Hausratversicherung. Dieser schützt gleichzeitig Ihr Reisegepäck (siehe oben).

Behalten Sie den Versicherungsschutz der Privathaftpflicht-Versicherung auch während eines Time-out bei. Sie deckt allfällige Schäden weltweit.

# Mit dem Auto ins Ausland

Wenn Sie planen, mit dem Auto ins Ausland zu reisen, prüfen Sie den Geltungsbereich Ihrer Motorfahrzeug-Haftpflichtversicherung. Von Nutzen sind weiter eine Vollkasko- sowie eine Fahrzeug-Assistance-Versicherung.

## Motorfahrzeug-Haftpflichtversicherung

Klären Sie mit Ihrem Versicherer ab, ob Ihre Motorfahrzeug-Haftpflichtversicherung für die Länder, die Sie bereisen wollen, ausreicht. Für einige Nationen brauchen Sie eine Grenzversicherung, weil unsere Motorfahrzeug-Haftpflichtversicherung nicht anerkannt wird (Iran, Irak, Teile des Kosovo). Gültigkeitsbereich abklären

Unverzichtbar, in einzelnen Ländern obligatorisch, ist die grüne Versicherungskarte. Sie gilt in 43 Staaten als Nachweis für die Motorfahrzeug-Haftpflichtversicherung. Zudem enthält sie die nötigen Angaben für einen Schadenfall sowie die Adresse der nationalen Versicherungsbüros.

In unseren Breitengraden dienlich ist das Europäische Unfallprotokoll, erhältlich in verschiedenen Sprachen. Es erleichtert die systematische Erfassung des Unfallhergangs. Sie können es ohne Sorge unterschreiben, das Protokoll stellt kein Schuldeingeständnis dar.

## Kaskoversicherung, Fahrzeug-Assistance

Checken Sie Ihre Vollkaskoversicherung hinsichtlich des Geltungsbereichs genau! Besonders für das Diebstahlrisiko sind Einschränkungen häufig. Nehmen Sie im Zweifelsfall mit dem Versicherer Kontakt auf und klären Sie den Versicherungsschutz für die geplante Reise.

Wenn Sie keine Vollkaskoversicherung besitzen, überlegen Sie sich den Abschluss für die Dauer des Auslandaufenthalts.

Eine Fahrzeug-Assistance-Versicherung können Sie bei einem Verkehrsclub (internationaler Schutzbrief) oder bei Ihrer Motorfahrzeughalter-Versicherung abschliessen. Sie übernimmt unter anderem die Kosten für Hilfe bei einem Zwischenfall

- Pannenhilfe, Bergung und Abschleppen des defekten Fahrzeugs. Achtung: Die Reparaturkosten für das Fahrzeug sind nicht versichert.

- die Übernachtung, wenn Sie nicht weiterreisen können.
- die Rückreise nach einem Fahrzeugdiebstahl oder Totalschaden.
- die Rückschaffung des Fahrzeugs an Ihren Wohnort.
- die Fortsetzung der Reise (Mehrkosten), die vorzeitige Heimreise oder einen Ersatzwagen.

Schutzbriefe der Verkehrsklubs sind nicht nur finanziell attraktiv, sondern bieten auch zusätzliche Vorteile, etwa Rechtsschutz.
Lesen Sie die allgemeinen Bedingungen, insbesondere den Gültigkeitsbereich. Merken Sie sich Leistungsbegrenzungen!

## Sich im Schadenfall richtig verhalten

Befolgen Sie diese Regeln, wenn ein Schadenfall eintritt:

1. Schaden sofort melden (Versicherung, Reiseveranstalter, Autovermietung usw.)
2. Ausdehnung verhindern (Folge-/Nachwirkungen)
3. Dokumente, Belege und Beweise sammeln (Fotos vom Schaden machen, Namen von Zeugen notieren, Gedächtnisprotokoll erstellen)
4. Ab- oder Zusagen schriftlich bestätigen lassen (unabhängig davon, ob es sich um die eigene oder eine andere Versicherung handelt)
5. bei Problemen die entsprechende Ombudsstelle kontaktieren (siehe Anhang)
6. Auszahlung im Auge behalten (Art, Zeitpunkt, Modalitäten)
7. Verjährung nicht vergessen (Fristen, Rechte).

Fallschirm umgeschnallt, Sicherheitsleine befestigt? Bestens! Aber zunächst müssen Sie springen. Was es mit dem eigentlichen Abenteuer auf sich hat, verrät das nächste Kapitel.

# Unterwegs: Überraschungen und Einsichten

Auch Leichtigkeit hat ihr Eigengewicht! Endlich ist er da, der Tag X: begleitet von guten Vorsätzen und dem Wunsch abzuschalten. Die meisten durchlaufen verschiedene Phasen, von Erschöpfung bis Tatendrang. Manchmal geschieht gar nichts, dann alles auf einmal. Oder es regt sich etwas im Stillen.

## Entspannter Auftakt

Der Start enthält zwei Dimensionen:
- Sich absetzen aus dem Alltag
- Abheben für ein Abenteuer.

### Der Tag Null

Je nachdem, was vorher war (Auslaufen, Kurs, Arbeitswoche) liegt der erste Tag unberührt vor Ihnen. Oder Sie müssen tausend Dinge erledigen. Dabei hätten Sie nur ein Bedürfnis: Stecker raus, Ruhe, Decke über den Kopf. Zur Erschöpfung gesellt sich der obligate Vorferien-Stress. Bei einem Time-out ist dies nicht anders, trotz langfristiger Planung. Ein spezielles Erlebnis wäre es, sich gemächlich einzustimmen. Zwei Wochen für die Vorbereitungen einräumen, statt zwischendurch die Koffer packen, eine Kamera kaufen, das Kind beruhigen. Die Katze füttern, den Kühlschrank leeren, Kakteen giessen… Probieren Sie es aus! Wetten, Sie gehören zu denjenigen, die entspannt am Flughafen stehen, mit einem Lächeln auf den Lippen?

**Smile statt Stress**

## Aufbruch ins Ungewisse

Die grösste Herausforderung verkörpert der Sprung ins Leere. Auf sich allein gestellt, in einer unbekannten Situation: ungebunden, frei, mit leerer Agenda. Frühstück um zehn, Kino um zwei, Party die ganze Zeit. Nach einem Monat werden viele unruhig. Was nun, wie geht es weiter? Sie fallen in ein Loch, verkriechen sich. Sind aufgewühlt, genervt, bedrückt. Entweder brausen sie einfach los, stürzen sich ins Nächstliegende. Oder sie überlegen sich, die Übung abzubrechen. Und mittendrin sind sie, in der Trilogie des Time-out.

*Mit Mut ins Nichts*

## Typische Phasen

Herzklopfen und Knieschlotter, die Erzählungen gleichen sich. Drei Phasen sind typisch:

1. Phase: Betriebsamkeit, Überforderung
2. Phase: Müdigkeit, Durchhänger, Ratlosigkeit
3. Phase: Einhalt, Aufbruch, Neuorientierung.

Diese Phasen verkörpern ein Stück der Reise zu sich, zum tiefen Innersten. Die Journalistin Anke Richter, 41, formuliert treffend: «Rationale Verdrängung leistet ganze Arbeit. Es kostet Zeit herauszufinden, wonach man insgeheim trachtet. Es hervorzuholen, dieses Knäuel aus heruntergeschluckten Träumen, verwegenen Ideen und verborgenen Sehnsüchten. Meist entrollt es sich während des Time-out. Sehen Sie zu, dass Sie einen Faden davon zu fassen kriegen!»

*Den Träumen auf der Spur*

Nehmen Sie nicht zu viel vorweg. Hören Sie in sich hinein. Habe ich den Kopf wirklich frei? Wohin zieht es mich? Wann habe ich das letzte Mal in die Sterne geguckt, Klarinette gespielt, ein Modellauto gebaut? Machen Sie sich auf, zu einer echten Entdeckungsreise!

## Hindernislauf

Erinnern Sie sich an das Hüpfspiel aus dem Kapitel «Der Ausstieg lockt»? Längst haben Sie das Time-out-Feld erreicht. Weiter geht es im Stil von «Mensch ärgere dich nicht». Nur dass Sie nicht auf Würfelglück angewiesen sind – oder Ihre Taktik auf andere abstimmen müssen. Richten Sie Ihre Aufmerksamkeit auf die Grafik «Time-out-Parcours» (Seite 96). Die Strecke beginnt mit dem Start und endet im Ziel, auch wenn dieses noch offen ist. Tempo, Schrittfolge (und Pausen!) liegen in Ihrer Hand. Alles lässt sich nicht voraussehen, aber einiges begegnet Ihnen bestimmt. Zum Beispiel diese zehn Stationen:

### Einstimmung

Stürme, Stille, Einsamkeit: In Ihrem Time-out erleben Sie vieles. Wenn der Auftakt gelungen ist, heisst es nicht, dass es so bleibt. Sie treten eine Reise ins Unbekannte an. Im Gegensatz zu Astronauten können Sie jedoch nicht alles trainieren, im Cockpit simulieren. Dafür sind Sie weniger ferngesteuert und haben eine Menge Spass!

### Startschwierigkeiten

Anfangshektik ist das eine, dazu Nervenflattern, nachlassende Begeisterung, die Furcht, etwas zu verpassen. Schliessen Sie die Augen. Stellen Sie sich den optimalen Beginn vor. Genau das setzen Sie um! Und wenn jemand dazwischen funkt: Ruhig bleiben, nach vorne blicken. Wie der Raumfahrer auf dem Weg zum Mond: «Die ersten fünf Kilometer liegen hinter mir, auf die restlichen 379 000 freue ich mich.»

### Reaktionen des Körpers

Achtung, fertig, los: Und nun das! Ausgerechnet jetzt steigt die Anfälligkeit für Krankheiten. Wie bei den pflichtbewussten Angestellten, welche in der Freizeit das Bett hüten … Selbst wenn es nervt, akzeptieren Sie, dass der Körper Erholung braucht. Ein Trost: Die Auszeit bewahrt Sie vor den üblichen An-

steckungsherden (Grippeviren im Berufsverkehr, erkältungsgeplagte Kolleginnen).

###  Hindernisse, Pannen

Feuertaufe bestanden, nun steht die Bewährung an! Wenn sich das angesteuerte Paradies als trügerisch erweist. Der Surfkurs mühsam, das Zimmer ringhörig, das Motorrad Schrott ist. Gelassenheit hilft, ausserdem: Zuhören, Intuition und Gespür. Legen Sie ab und zu eine Pause ein, ein Time-out im Time-out.

###  Kehrseite des Reisens

Faszinierend, aufregend, so dahinzutreiben. Im Strom der Gezeiten, untrennbar verbunden. Die Zweisamkeit kittet zusammen. Sie bietet jedoch auch Reibungsflächen, kratzt an Idealbildern (Familie, Rollenteilung). Was ist, wenn sich Mami langweilt, Papi von Museum zu Museum hetzt, der Nachwuchs nicht ans College will? Tragen Sie die Konflikte aus! Sie geben Anlass zu Veränderung und festigen das Vertrauen.

###  Negative Ereignisse

Unerwartetes kann auch von aussen hereinbrechen: Feuer, Unruhen, ein Terroranschlag. Die vertraute Umgebung fehlt, zur Verwirrung kommt Verunsicherung. Das gleiche geschieht, wenn eine Hiobsbotschaft eintrifft, etwa vom Unfall oder Tod eines Angehörigen. So sehr Sie dies aufwühlt, handeln Sie nicht voreilig! Vielleicht würde Ihre Rückreise im Moment nichts bewirken. Fragen Sie nach, wenden Sie sich an eine Fachperson (Coach, Supervisorin) oder eine gute Freundin.

###  Ängste

Auf alles waren Sie vorbereitet: finanzielle Einbussen, Verzicht, Mehraufwand. Aber nicht auf einen persönlichen Taucher, mitten auf Hawaii! Nun melden sie sich, die Ängste und Selbstzweifel. Beissen

Sie sich durch, bis die Talsohle durchschritten ist. Später sind Sie dem Bewusstsein dankbar. Es gab im richtigen Augenblick den Schwachpunkt preis, brachte Sie weiter.

### Einsicht

Muss man an die entlegensten Orte, um eine gute Zeit zu haben? Sich selbst inszenieren, als Tropenheld, Wüstenfuchs oder Gipfelstürmerin? Einige schon. Mit dem Risiko, dass der Egotrip in Einsamkeit mündet, der Paradiesvogel alleine zwitschert. Diese Erfahrung korrigiert die Vorstellung, dass Reisen an und für sich toll ist. Oft folgt Ernüchterung: Darüber, dass in der Ferne nicht alles besser ist...

### Begegnungen und Abschied

Wer reist, kommuniziert spontan. Vorurteile bauen sich ab, Klischees relativieren sich. Allerdings: Die wenigsten Kontakte sind von Dauer, vielmehr oberflächlich oder flüchtig. Diese Erfahrung ist verkraftbar. Turbulenter wirds, wenn Sie dem Traummann, der Traumfrau begegnen. Schlägt es ein, ist die Fortsetzung ungewiss. Ganz wie zu Hause!

### Rückruf

Alles Schöne hat ein Ende, aber was für eins? Am besten kein vorzeitiges. Wenn Sie der Chef bestürmt, mit Angeboten lockt, eine Beförderung andeutet: Ziehen Sie Ihr Time-out durch. Nicht dass der Gleit- zum Sturzflug wird! Manchmal passiert exakt das Gegenteil. Statt aufzusetzen, hängt man eine Zusatzschleife an. Realisiert, dass es für den Heimweg noch zu früh ist.

Nehmen Sie den Ratgeber nach Ihrer Rückkehr zur Hand. Vergleichen Sie die Schlüsselfelder mit Ihren Erfahrungen. Bringen Sie Ergänzungen, Korrekturen oder Hinweise an.

# Was Sie tun und lassen sollten

Zum Abschluss keine ausführlichen Rezepte, dafür kurze Tipps und Tricks:

| Do's and Dont's | |
| --- | --- |
| **Mutig voran** | **Hände weg** |
| • Sprung ins kalte Wasser | • Es gar nicht erst wagen |
| • Eindeutiger Schnitt | • Festhalten, nicht loslassen |
| • Zeitlos leben | • Zu wenig Zeit |
| • Das Unmögliche wagen | • Sicherheit vor allem |
| • Etwas für sich tun | • Falsche Kompromisse, fremde Pläne |
| • Ängste überwinden | • Ängste ignorieren |
| • Wegen Geld verzichten | • Sich finanziell übernehmen |
| • Innere Grenzen sprengen, sich weiterentwickeln | • Äussere Grenzen missachten (Recht, Religion, Würde) |
| • Time-out als Chance | • Time-out als Notlösung |
| • Hartnäckig bleiben | • Frühzeitig aufgeben |
| • Auskosten bis zuletzt | • Voreiliger Abbruch |

## Erfahrungsbericht:
## Den Wind zum Wehen bringen

«Eigentlich nichts Besonderes», fand Chris, 29, Lehrerin, als sie sich aus dem Schuldienst ausklinkte. Ihre Kolleginnen zogen aufs Land, traten eine Weiterbildung an oder gründeten eine Familie. Sie entschied sich für einen Kreativurlaub, mit ungeahnten Folgen. Chris berichtet:

■ *Gleich nach dem Studium habe ich eine Klasse übernommen. Mich in die Arbeit gestürzt, Elterngespräche geführt, moderne Methoden eingesetzt – um täglich vor einer unkonzentrierten, tobenden Bande zu stehen.*

Die Lektionen glichen sich: 20 Minuten Disziplinierung, 25 Minuten Rechnen oder Deutsch. In den Pausen ärgerte ich mich, in den Ferien floh ich in die Berge. Nach sechs Semestern fühlte ich mich ausgelaugt, fix und fertig. Ein Psychologe riet: «Warten Sie nicht, bis Ihnen die ultimative Lösung einfällt. Tun Sie das, was im Moment das Beste ist.» Das wars! Ein Schnitt musste her. Weiter nichts Aufregendes, die meisten Junglehrer schalten eine Pause ein.

Das Zimmer auf dem Hof meiner Eltern konnte ich behalten. Fürs Zügeln hätte ich keine Energie gehabt, erschöpft, wie ich war. Die ersten zwei Wochen schlief ich endlos. Als die Lethargie unerträglich wurde, besuchte ich ein Atelier. Die Leiterin arbeitete in einem Steinbruch. Sie bescheinigte mir Talent, organisierte ein Praktikum. Kurz darauf schlüpfte ich in Überhosen, erhielt einen zerbeulten Werkzeugkasten. Stossen, hauen, schleifen. Acht Stunden, bei Wind und Wetter. Abends kroch ich ins Bett. Müde und zufrieden. Am Morgen erwachte ich ausgeruht: Ein Gefühl, das ich seit Jahren nicht mehr gekannt hatte!

Zwischendurch leistete ich mir einen Ausflug nach Berlin. Dort traf ich Pit. Architekt, verstrubbelt, neugierig. Zusammen zogen wir weiter, durchstreiften die Gegend. Ich entdeckte Städte, Landschaften, die Ungebundenheit. Mein Interesse an der Kunstszene nahm Formen an. Aber zuerst wollte ich auf eigenen Beinen stehen! Kaum hatte ich eine Wohnung gemietet, rief mein ehemaliger Fahrlehrer an. Er sei am Anschlag: zu viel Büez, komplizierte Leute und überhaupt. Ob ich einspringen könne? Den Ausweis hatte ich vor Jahren erworben, inzwischen gar nicht mehr daran gedacht. Gesagt, getan. Seither kurve ich mit Erwachsenen um die Ecke. Allesamt angenehm, höflich, wissbegierig. Abends jobbe ich in einer Taxizentrale, pauke Betriebswirtschaft. Mein Traum: eine kleine Galerie. Inspirationen hole ich mir über die Fachliteratur, an Vernissagen und Ausstellungen. Oder in London, wo Pit jetzt wohnt. Ich fliege monatlich hin.

Der Ausstieg war einfach. Doch drängen mich einige zur Rückkehr. «Noch nicht», erwidere ich jeweils. Es ist toll, so wie es ist. Ich empfehle jedem, einmal das aufzugeben, was scheinbar sicher scheint. Das eigene Leben neu anzugehen. ■

# Zurück zum Start: die Rückkehr

Ebenso zentral wie die geglückte Durchführung ist der Wiedereinstieg. Im Idealfall glückt der Transfer, die Überleitung in Job, Familie und Gesundheit. Auf was müssen Sie gefasst sein, was vorkehren? Anschauliches und Zukunftsmusik im letzten Kapitel.

## Unausweichlich: das Schlussstück

**Die Zeit drängt**

Endspurt, Zieleinlauf? Viele kosten die Auszeit bis zur letzten Minute aus, verlängern sie gar. Die Personalberaterin Nicole, 53, betreut Leute, welche aus den USA zurückkehren. Sie stellt fest:

■ *Irgendwann läuft die Uhr rückwärts, man möchte sie stoppen. Los Angeles gefällt unheimlich gut, Optionen leuchten auf: beruflich, privat, für immer. Noch drei Wochen, noch zwei, plötzlich flimmern die Lichter der Flugpiste. Man rauft sich die Haare. Ist es doch nicht eingetroffen, das grosse Los: Greencard, Kunstpreis oder Heirat.* ■

Andere blicken unentwegt vorwärts, auch am Ende. Wie Aldo, der Weltreisende von Seite 44:

■ *An der vorletzten Station sagte ich mir: Kein Katzenjammer! Freu dich auf das, was du vermisst hast: weiches Bett, frisches Brot, die Zeitung. – Am Montag marschierte ich ins Büro. Frisch rasiert, in Anzug und Krawatte. Mit der Haltung: Kathmandu war toll. Nun konzentrierst du dich wieder auf das hier.* ■

Umstellschwierigkeiten gibt es, selbst wenn das Time-out toll war. Die Gründe liegen bei ursprünglichen Problemen oder der Person selbst. Wer eine Trennung hinausgezögert, die Kündigung vertagt, Störendes ausgeblendet hat, wird nun unsanft auf diesen Punkt gestossen. Vielleicht brauchte es Distanz. Jetzt sehen Sie klarer und können handeln.

Déjà vu: ungelöste Probleme

## Zu Hause ankommen

Die Zollkontrolle passiert, das Gepäck auf den Trolley gehievt, die Freundin umarmt: Wehmut mischt sich mit Erleichterung. Lange können Sie dieser Stimmung nicht nachhängen. Zu Hause erwarten Sie Post, Pendenzen, der Garten. Lassen Sie sich nicht überfahren! Globetrotter empfehlen, gestaffelt einzusteigen. Es erweist sich als Vorteil, nicht alles sofort erledigen zu wollen: Einkauf, Auto, Frühjahrsputz. Halten Sie sich den Rücken frei vom gewohnten Kram. Denn auch ein schöner Alltag ist ein Alltag. Und verleiht nur selten Flügel. Entdecken Sie Ihren Wohnort neu. Ruhen Sie sich aus, tun Sie das, wozu Sie gerade Lust haben. Ziehen Sie Bilanz, steuern Sie Erholungsinseln an, möglichst oft:

- Eine Stunde allein: am See, unter den Bäumen oder im Park. Sich zurücklehnen, die Ruhe geniessen.
- Ausbruch im Kleinen: schicke Bermudas anziehen, Rosen kaufen, Tango tanzen. Freitags in den TGV steigen, durchfahren bis Paris.

## Zurück im Job

Ein Grossteil der Auskunftspersonen stuft den Gewinn eines Sabbaticals als hoch ein. Trotzdem beschleicht sie Unsicherheit. Was bedeutet die Abwesenheit für meine Zukunft? Resultiert eine schlechte Qualifikation? Gelte ich als flatterhaft, unstet? Die Befürchtungen sind unbegründet. Eine Nachfrage ergab: Innerhalb eines Jahrs konnte sich ein Drittel verbessern, ein Drittel hielt seine Position, ein Drittel kündigte.

Auch wenn keine Entscheidung naht, blickt man dem ersten Arbeitstag mit gemischten Gefühlen entgegen. Was erwartet mich: Aktenberge, gestresste Kollegen, eine neue Chefin? Was hat sich verändert: Alles, gar nichts?

In der Regel durchlaufen die Neuankömmlinge drei Phasen: Akklimatisation, Überaktionismus, Neuausrichtung.

**Der erste Arbeitstag** Zunächst meldet sich der Kater (bedingt durch Jetlag, Aufregung, wenig Schlaf). Dazu der Kulturschock: Winter, Frieren, Rechtsverkehr. Im Vergleich zu Asien scheint vieles grau, eintönig, die Flut der Verbotstafeln absurd. Auf die Irritation folgt Euphorie. Sie stürzen sich auf jedes Mail, jedes Telefon. Allmählich realisieren Sie: Du hast es gezeigt, bist wieder da, schaffst es. Genau so wie die anderen, ohne dich! Diese Erkenntnis befreit, lenkt die Energie in neue Bahnen. So meinte der Verleger Arthur Sulzberger, 44: «Der Elan bleibt, die Verbissenheit fällt weg.»

Ein Neubeginn ist es auf jeden Fall, auch am bisherigen Arbeitsplatz. Zum Beispiel mit den Kolleginnen. Sie haben sich auf die Rückkehr eingestellt, für das Team kommt sie – trotz Avis – überraschend. Seien Sie nachsichtig! Dass der Blumenstrauss fehlt, Ihr Erscheinen kein grosses Hallo auslöst, Sie nicht zu jedem Kaffeeplausch eingeladen werden, lässt nicht auf Ablehnung **Und die Kollegen?** schliessen. Die Reaktion hängt eher mit Unbeholfenheit zusammen. Unternehmen Sie den ersten Schritt (Apéro offerieren, auf neue Mitarbeitende zugehen, beim Grossauftrag mitanpacken). Apropos Smalltalk: Verhehlen Sie nicht, dass Reisen seine Kehrseiten hat, Spektakuläres verblasst, der Job wieder reizt. Das Eingeständnis wirkt menschlich, verschafft Ihnen Sympathie.

Vereinbaren Sie mit dem Arbeitgeber ein Transfer-Gespräch. Mögliche Themen: Was ist inzwischen passiert? Was muss ich wissen? Wie klappt der Einstieg, trägt die Auszeit Früchte?

**Bilanz**

Erinnern Sie sich an die acht Fragen im Kapitel «Kernfragen zum Job?» Hinsichtlich des Time-out rücken andere Aspekte in den Mittelpunkt. Gehen Sie folgenden Fragen nach:

1. Welche Erfahrungen habe ich gesammelt?
2. Wie habe ich mich verändert?
3. Welche Erkenntnisse sind von besonderer Bedeutung?
4. Welche Erwartungen haben sich erfüllt, welche nicht?
5. Was hat mich am meisten erstaunt?
6. Was würde ich anders machen?
7. Was steht als Nächstes an?

# Ausblick und Zukunftsmusik

Um an die Grafik aus dem Anfangskapitel anzuschliessen: Es ist zu hoffen, dass Sie mehr Himmel als Hölle durchlaufen haben. Vor, während und nach dem Timeout. Nun heben Sie den Kopf, sehen sich um. Neue Ziele blinken auf, gleich Flaggen im Wind. Die Illustration auf Seite 106 steckt eine mögliche Fortsetzung ab. Sie signalisiert Visionen, neue Arbeitsmodelle, freie Zeit. Was schreiben Sie auf die leeren Fähnchen?

Ein erfolgreiches Come-back legte Danielle hin: Grafikerin, 38, zurück aus Paris. Frische und Lockerheit brachte sie seit jeher mit. Plötzlich fiel dies den richtigen Leuten auf. Die Newcomerin glänzte durch Innovation, Scharfsinn, Belastbarkeit. Zum Erfolg beigetragen hat die Tatsache, dass sie im Ausland à jour blieb, Fachbücher las, das Networking pflegte. Nach der Rückkehr intensivierte sie ihre Kontakte, rief sich in Erinnerung, bei Führungskräften und einer Headhunterin. Letztere empfahl sie als Mitglied der zerstrittenen Geschäftsleitung. Danielle galt als neutral, hatte in den letzten Monaten niemanden brüskiert oder gemobbt. Sie wurde zum Joker und erhielt den Zuschlag. Zielstrebig wie die jun-

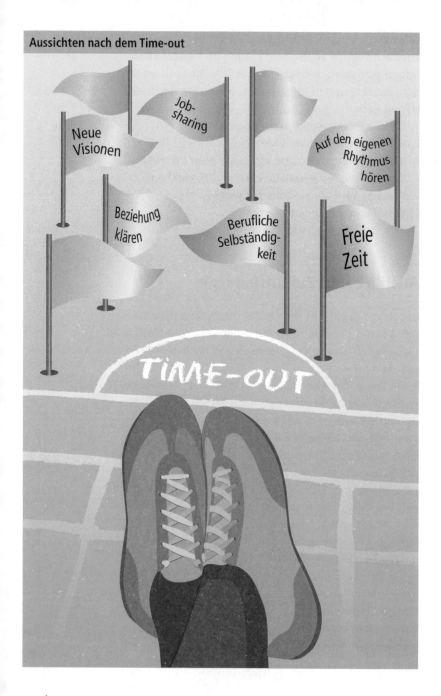

ge Frau sei, reisefreudig und der französischen Sprache geläufig... Fünf Jahre später gründete die Zürcherin eine eigene Kosmetiklinie. Die Basis schuf eine zweite Auszeit, in Tibet. Dort lernte sie ihre Kräfte einteilen, den Ausgleich von Spannung und Anspannung. Auch privat rang sie sich zu einer Zäsur durch. Realisierte, welche Ansprüche Kinder stellen, wie wichtig die Präsenz beider Elternteile ist. Seither gibt es einen Familientag und einen Abend für das Paar. Unter dem Spiegel klemmt eine Karte: «Träume nicht dein Leben, lebe deinen Traum.»

# Anhang

## Mach mal Pause: Zehn Tipps fürs Sabbatical

1. Prüfen Sie, ob Ihr Arbeitgeber ganz oder teilweise bezahlte Sabbaticals anbietet. Wie steht es um die Bedingungen (Anzahl Dienstjahre, Erreichen einer bestimmten Funktionsstufe, Verbleib im Unternehmen)?
2. Informieren Sie den direkten Vorgesetzten frühzeitig über Ihre Pläne: Sobald sich Konkretes abzeichnet, spätestens jedoch drei Monate vor Beginn der Auszeit.
3. Klären Sie ab, ob Sie nachher an Ihren ursprünglichen (oder wenigstens einen gleichwertigen) Arbeitsplatz zurückkehren können. Lassen Sie sich die Zusage in Form einer schriftlichen Vereinbarung geben.
4. Versuchen Sie eine verbindliche Abmachung bezüglich einer ganzen oder teilweisen Lohnfortzahlung zu treffen (Freistellung, Anrechnung von Urlaub und Überstunden, Vor-/Nachholen bei Projektarbeiten, Umwandlung von 13. Monatslohn oder Boni).
5. Treffen Sie alle notwendigen Vorkehrungen hinsichtlich vermögenswirksamen Sozialleistungen (AHV, Pensionskasse, Lebensversicherung).
6. Sehen Sie zu, dass vorbeugende Versicherungen weiterlaufen (Krankheit, Unfall) und bauen Sie diese gegebenenfalls aus.
7. Bringen Sie in Erfahrung, was während der Auszeit mit Lohnzusätzen passiert: mit variablen Anteilen (Bonus, Aktien, Gewinnbeteiligung) und Nebenleistungen (Geschäftsauto, Handy, Übernahme der Kreditkartengebühr, REKA-Checks).
8. Überlegen Sie sich, was Sie von Ihrem Arbeitgeber brauchen (Empfehlungsschreiben, Adressen von Partnerfirmen, Journalistenvisum).

9. Wenn Ihre Chefin mitzieht, heisst das nicht, dass die Arbeitskollegen begeistert sind. Machen Sie sich auf zwiespältige Reaktionen gefasst und federn Sie diese nach Möglichkeit ab.

10. Halten Sie sich während des Sabbaticals nur im Notfall und für ausgewählte Personen zur Verfügung. Mischen Sie sich nicht in Übergangsregelungen ein (Aufgabenverteilung, Stellvertretung).

Checkliste 2

## Auf und davon:
## Zehn Tipps für den Auslandaufenthalt

1. Erkundigen Sie sich rechtzeitig über Einreisebestimmungen, die maximale Aufenthaltsdauer sowie die Gültigkeit, Umschreibung oder Übersetzung von Dokumenten (Reisepass, Tauchbrevet, internationaler Fahrausweis). Erstellen Sie Kopien der wichtigsten Ausweise, inklusive Kreditkarten.

2. Das Eidgenössische Departement für auswärtige Angelegenheiten (EDA) veröffentlicht regelmässig Informationen über Länder, in denen mit sicherheitspolitischen oder anderen Risiken gerechnet werden muss. Die Hinweise können über Internet abgerufen werden (www.eda.admin.ch).

3. Über Impfungen, Medikamente oder Malaria-Prophylaxe orientiert Sie die Website des Budesamtes für Gesundheit (BAG, www.bag.admin.ch). Weitere Auskünfte sind bei Instituten der Reise- und Tropenmedizin sowie Ihrer Hausärztin erhältlich. Wenns pressiert, kann man sich – ohne Voranmeldung – im Impfzentrum am Flughafen Kloten behandeln lassen. Nicht vergessen: einen Termin beim Zahnarzt oder der Dentalhygienikerin!

4. Legen Sie einen ersten Anlaufpunkt fest: Hotel, Pension, Haus, Appartement, Studentenheim, Jugend-

herberge? Alternativen offerieren die Naturfreunde, Backpacker oder Mitwohnzentralen.

5. Bestimmen Sie einen Freund, welcher Reiseroute, Zwischenstationen und Erreichbarkeit kennt und umgekehrt den Überblick über Ihre Angelegenheiten behält (die Post durchsieht, eine Bankvollmacht hat, mit der Untermieterin Kontakt hält).

6. Falls Sie von unterwegs Geldüberweisungen tätigen möchten, fragen Sie bei der Post oder Ihrer Bank nach geeigneten Adressen (Überweisungsstellen, Konti der Auslandfilialen).

7. Besorgen Sie neben Kreditkarten, Versicherungs- und persönlichen Ausweisen Telefonkarten der jeweiligen Länder. Öffentliche Fernsprecher sind begehrt und billig. Handy: Testen Sie, ob das Modell auf internationale Verbindungen eingestellt ist und das Netz im Zielland funktioniert. Unter Umständen müssen Sie auf ein Satellitentelefon ausweichen.

8. Nutzen Sie moderne Kommunikationsmittel (Internet, SMS, Funk, Postservice der Langzeitsegler-Vereinigung «Trans Ocean»). Merken Sie sich die technischen Daten für das externe Abrufen Ihrer E-Mails. Achtung: Wer übers Natel E-Mails checkt oder Fotogrüsse verschickt, zahlt dies teuer.

9. Beachten Sie gesellschaftliche Regeln, passen Sie Ihr Auftreten (inklusive Kleidung) und Verhalten dem Gastland an. Westliche Hektik kann irritieren, Vorstellungen hinsichtlich Emanzipation, Umweltschutz oder Pünktlichkeit müssen zum Teil beiseite gestellt werden.

10. Geschenke: Gefragt ist Nützliches, das Freude bereitet und nicht brüskiert (wie Alkohol in islamischen Ländern). Vielerorts wird man auf die Familie angesprochen. Stecken Sie ein paar Fotos ein, eventuell Bilder aus der Firma.

## Investition in mich:
## Zehn Tipps für den Bildungsurlaub

1. Prüfen Sie, ob in Ihrem Unternehmen längerfristige Strategien der Mitarbeiterförderung existieren. Welche Lehrgänge werden bezahlt (angeordnete oder solche, an denen ein hohes Interesse des Arbeitgebers besteht)?

2. Gehen Sie in sich: Was möchten Sie in Zukunft erreichen (Ziele, Lebensentwurf)?

3. Klären Sie ab, ob sich die Aus-/Weiterbildung als beförderungs- und lohnwirksam erweist.

4. Haken Sie nach: Ist der Abschluss international anerkannt? Stelleninserate studieren, Fachleute fragen.

5. Überlegen Sie genau, ob Sie neben neuem Wissen auch zusätzliche Fähigkeiten und Kompetenzen erwerben (Führungseigenschaften, Wissensmanagement, interkulturelle Kommunikation).

6. Bringen Sie in Erfahrung, worauf das Ganze hinausläuft: Generalisierung (Betriebsökonomie) oder Spezialisierung (Marketing, Verkauf)? Was liegt Ihnen besser?

7. Vergleichen Sie verschiedene Institutionen. Haben sich diese mit modernen Lern- und Unterrichtsmethoden vertraut gemacht?

8. Klopfen Sie Ihre eigenen Ressourcen ab (Durchhaltevermögen, Zeit, Geld). Wollen Sie das Time-out auf dieses Vorhaben konzentrieren? Was meint die Familie zu Ihren Ambitionen?

9. Vorsorgen: Haben Sie für jede Qualifikation Belege eingeholt (Diplom, Zertifikat, Eintrag in den Bildungspass)?

10. Kulanz testen: Können Sie sich Extra-Einsätze anrechnen lassen? Wenn Sie die Finnland-Reise für eine Handelsmesse unterbrechen, in Australien einen IT-Kongress besuchen, in New York an einer Tagung zu

Gesundheitsforschung teilnehmen, so kommt dies der Firma zugute (Erwerb von Know-how, Ausbau des beruflichen Netzwerks).

## Standard oder intensiv: Zehn Tipps zum Sprachaufenthalt

1. Wie ist es um Ihre Vorkenntnisse bestellt? Test absolvieren!
2. Ist ein Diplom für Ihre berufliche Zukunft wichtig? Stellen Sie sicher, dass es offiziell anerkannt ist.
3. Benötigen Sie die Fremdsprache für allgemeine Konversation oder im Business (Konferenzen, Meetings, Fachausdrücke)?
4. Wie steht es um Anmeldefristen, Vorbereitungskurse, die laufende Selektion? Prüfen Sie, ob Diplome, Zertifikate auch in der Schweiz erworben werden können.
5. Machen Sie sich Gedanken zur Unterrichtsform. Was entspricht Ihnen: Lehrgang von A bis Z, Kurs- oder Modulsystem, Intensivkurs, Einzellektionen?
6. Umfeld: Bevorzugen Sie das idyllische Landleben oder eine pulsierende Grossstadt? Wie soll die Unterkunft sein: gehoben, günstig, unkompliziert, persönlich? Schätzen Sie organisierte Ausflüge und Veranstaltungen?
7. Wenn Sie an Lerngruppen teilnehmen wollen: Wie sieht die Zusammensetzung aus (Alter, Nationalität, Geschlecht)? Ideal: ein möglichst kleiner Anteil an Deutsch Sprechenden.
8. Beraterin/Vermittlerin: Hat die Person eine empfohlene Schule vor Ort besucht? Kennt sie die ganze Sprachregion – Englisch in Grossbritannien, den USA, Australien und Kanada? Kann sie das Angebot individuell gestalten (Intensiv-Training, Umgangssprache)?

9. Kosten: Achten Sie auf eine differenzierte Aufstellung sowie eine angemessene Vermittlungs- und Beratungsgebühr.
10. Vergleich: Holen Sie mehrere Offerten ein. Prüfen Sie die Preise, auch anhand von Ausschreibungen im Internet.

Checkliste 5

## Gut und sinnvoll: Zehn Tipps für die Sozialzeit

1. Informieren Sie sich frühzeitig über das Angebot (Literatur, Internet, Vermittlungsstellen). Existieren in Ihrer Firma entsprechende Projekte (Corporate Volunteering)?
2. Was für ein Engagement streben Sie an: einen kurzfristigen Einsatz, ein Praktikum, Mithilfe in einem Workcamp oder eine ehrenamtliche Aktivität kombiniert mit einem Ausflug?
3. Sprechen Sie mit Leuten, welche bewusst einen «Seitenwechsel» vorgenommen haben; fragen Sie nach deren Erfahrungen.
4. Besuchen Sie die gewählte Einrichtung, besorgen Sie sich Referenzadressen.
5. Freiwillig heisst nicht ohne Ansprüche: Wahlbeobachtung oder Erntehilfe darf auch Spass machen.
6. Einsatz im Ausland: Klären Sie die Bestimmungen zu Einreise und Aufenthaltsdauer ab. Informationen über Zusammenarbeit und Entwicklungspolitik finden Sie unter www.interportal.ch.
7. Achten Sie auf die eindeutige Abgrenzung gegenüber Schwarzarbeit sowie die Einhaltung sonstiger Abmachungen (Aufgaben, Präsenzzeit, Ansprechpersonen).
8. Existiert eine Altersgrenze, zum Beispiel zurückgelegtes 17. Lebensjahr? Ist ein Fahrausweis für Personen oder Lastwagen erforderlich? Welche Ansprüche

werden sonst gestellt (Sprach-/Ortskenntnisse, höhere Ausbildung)?

9. Lassen Sie den Kostenfaktor nicht ausser Acht (Zuschuss zu Unterkunft, Essen, Taschengeld, Spesenentschädigung). Attraktive Zusatzleistungen, zum Beispiel eine Erlebnistour, kosten einen Extra-Beitrag.

10. Holen Sie eine Bescheinigung für Ihre Tätigkeit ein (Zeugnis, Zertifikat). Alternative: Eintrag im Sozialzeitausweis.

Checkliste 6

## Kind und Kegel:
## Zehn Tipps fürs Time-out mit der Familie

1. Machen Sie die Entscheidung für oder gegen eine Auszeit nicht vom Einverständnis der Kinder abhängig. Das Durchringen zu einem «Ja» oder «Nein» bedeutet selbst für 12-Jährige eine Überforderung.

2. Anders ist es bei einem längeren Familienurlaub. Hier gilt ein Mitspracherecht für Kinder: im Hinblick auf das Reiseziel, das Programm oder dessen Ausgestaltung.

3. Beinhaltet das Time-out Vorbereitungen zu etwas Grösserem (Einsatz in der Entwicklungshilfe, definitive Auswanderung), darf die wahre Absicht nicht verborgen bleiben. Aber es gilt auch klarzustellen, ob es sich um eine Idee, ein erstes Herantasten oder bereits einen Testlauf handelt.

4. Vorhersehbare Absenzen von der Schule sind bewilligungspflichtig. Wenden Sie sich diesbezüglich an die zuständigen Behörden. Weihen Sie Lehrkräfte und Ausbildende in Ihre Pläne ein. Treffen Sie Regelungen für das Vor-/Nachholen des Unterrichtsstoffs.

5. Klären Sie ab, inwiefern Sie sich bereits zu Hause auf die neue Sprache vorbereiten können (Sprachkurse,

Selbstlernmittel). Gibt es Auffrischungsangebote für Familien, als Auftakterlebnis im neuen Land?

6. Jedes Abenteuer birgt Risiken. Hüten Sie sich vor Versprechungen («Weihnachten feiern wir wie immer.», «An deinem Geburtstag schauen die Grosseltern vorbei.»).

7. Selbst wenn der Nachwuchs Ihre Passion für ein Hobby teilt, können Sie nicht anhaltende Begeisterung erwarten. Fischen verliert seinen Reiz, Seekrankheit beeinträchtigt das Wohlbefinden, gewisse Dinge beginnen die Kids zu vermissen...

8. Heikle, mit Verantwortung verbundene Aufgaben sind Sache der Erwachsenen (erste Erkundigungen vor Ort, Nachtwache auf dem Schiff).

9. Kontakte mit den Zurückgebliebenen gestalten sich für Kinder und Jugendliche schwierig. Als Alternative zum klassischen Briefverkehr bieten sich E-Mails, SMS oder gelegentliche Anrufe an, etwa ins Klassenlager.

10. Terminieren Sie die Rückkehr so, dass sie in die Schulferien fällt (Anlaufphase, Nachholen von Aktivitäten, Wiedersehen mit Kolleginnen). Die Reintegration ist nicht einfach. Führen Sie den Heranwachsenden vor Augen, was sie in der Zwischenzeit dazugewonnen haben. Gewähren Sie ihnen zusätzliche Freiheiten!

Checkliste 7

## Allein daheim:
## Zehn Tipps fürs Time-out ohne Kinder

1. Kleine Kinder: kurze Auszeit. Grössere Kinder: lange Auszeit.

2. Machen Sie aus Ihren Plänen hinsichtlich Auslöser, Zielort, Dauer kein Geheimnis.

3. Vermitteln Sie eine klare Botschaft: Ich verlasse euch nicht, ich tue etwas für mich.

4. Tüfteln Sie Varianten aus (gemeinsamer Aufbruch, Treff-Weekends).
5. Beziehen Sie Angehörige mit ein (Vorbereitung, Zwischenzeit, Rückkehr).
6. Vermeiden Sie Unruhe, wie sie etwa durch Spontanbesuche oder einschneidende Programmänderungen entsteht.
7. Fair geht vor: Sie wollen weg, nicht die Kinder! Achten Sie bei Fremdplatzierungen darauf, dass der Nachwuchs nicht aus der vertrauten Umgebung (Dorf, Klasse, Lehrstelle) gerissen wird. Schauen Sie zu, dass Rituale beibehalten werden (Einschlafen, Tagesbeginn, Schulweg).
8. Kick für Kids: Organisieren Sie vorher, eventuell im Nachhinein, spezielle Erlebnisse (Segelflug, Reitunterricht, Pfadilager).
9. Gewähren Sie Jugendlichen ein Mitspracherecht (Aufenthalt, Aufgaben und Ämtli während Ihrer Abwesenheit).
10. Geben Sie die Regeln eindeutig durch (die Grossmutter ist jetzt Aufsichtsperson und Erziehungsberechtigte).

Checkliste 8

## Flott unterwegs: Zehn Tipps für die Reise

1. Flugverkehr: Kämmen Sie Sondertarife, Frühbuchrabatte und Last-Minute-Angebote durch. Am teuersten sind Reisen in die Dritte Welt. Vor Ort können die Kosten allerdings minimiert werden (Rückzug in die Natur, mit Seesack und Zelt).
2. Zug: Frühbuchungsrabatte im Auge behalten, Reservationsmöglichkeiten ausschöpfen, sich nach den Zuschlägen für Expressverbindungen erkundigen. Packen Sie für längere Reisen Hygieneartikel ein (WC-Papier, Erfrischungstücher).

3. Auto: Unverzichtbar sind der CH-Kleber, ein Pannendreieck, die grüne Karte sowie das europäische Unfallprotokoll. In einzelnen Staaten zudem eine Grenzversicherung, ein ärmelloses Leuchtgilet, Reservebirnen und ein Feuerlöscher.
4. Reisegepäck: So wenig wie möglich, so viel wie nötig. Erkundigen Sie sich, was Sie von Beginn weg dabei haben sollten (Adapter, Rasierapparat, kleine Taschenlampe, Wecker, Fotoausrüstung, Geldgurt, Feuerzeug, Passfoto, Thermounterwäsche, Taschenspiegel). Das Gepäck auch auf der Innenseite beschriften!
5. Handgepäck: Umhänge- oder Gürteltasche bereithalten. Sperrige Gegenstände wie Trolleys, Tramperrucksäcke, Musikinstrumente können nicht immer in die Kabine mitgenommen werden. Radio, Nagelfeilen, Halogenleuchten erregen Argwohn beim Sicherheitscheck. Unter www.nofly.ch können Sie checken, ob beziehungsweise wie gefährliche Materialien transportiert werden können.
6. Gefahren vermeiden: Spraydosen oder Feuerwerk können explodieren. Zu Hause lassen, durch anderes ersetzen beziehungsweise vor Ort kaufen.
7. Fliegen ohne Frieren: Heruntergekühlte Terminals sowie der Luftzug im Inneren einer Maschine sind mit einer Jacke besser auszuhalten.
8. Durst muss nicht sein: Nehmen Sie ausreichend Wasser mit (Petflaschen).
9. Als Proviant eignen sich Früchte und Frisches. Verderbliche Waren gehören nicht in den Koffer – bei Fehlleitung riskieren Sie, dass der Transporteur das übel riechende Stück entsorgt.
10. Warten ohne Langeweile: Lektüre, Musik und Bewegung helfen, die Zeit zu vertreiben.

# Muster, Vorlagen

## Antrag Sabbatical

Frau  
Carmen Lopez  
Rain 26  
9500 Wil

Kantonale Verwaltung  
Herr Jürgen Germann  
Leiter Amt für Umweltschutz  
Leonardstrasse 54  
9001 St. Gallen

Wil, 16. Juni 2005

**Berufliche Auszeit**

Sehr geehrter Herr Germann

In Ergänzung zu unserer Besprechung stelle ich das Gesuch, vom 1. Januar 2006 bis 31. März 2006 ein Sabbatical zu nehmen (wie es die interne Weiterbildungsverordnung vom 1. November 2001 vorsieht). Ich werde in dieser Zeit Verwandte in Neuseeland besuchen, das Duathlon-Training intensivieren sowie meine Englisch-Kenntnisse verbessern.

Eine frühere Berufskollegin, welche nach der Familienpause den beruflichen Wiedereinstieg plant, wäre bereit, während meiner Abwesenheit einzuspringen. Ich kann sie fachlich und menschlich bestens empfehlen, überlasse die definitive Entscheidung jedoch Ihnen.

Für die berufliche Auszeit schlage ich eine Kombination von bezahltem und unbezahltem Urlaub vor:

Januar 2006:    Bezug des restlichen Ferienguthabens 2004/2005 an einem Stück, das heisst vier Wochen

Februar 2006:    Kompensation der angesammelten Überstunden, vergleiche Anhang zum Qualifikationsgespräch vom 30. September 2004

März 2006:    unbezahlter Urlaub.

Es ist mir klar, dass dieses Vorhaben organisatorischen Mehraufwand, Toleranz und Umstellungsbereitschaft erfordert. Umgekehrt bin ich überzeugt, dass ich motiviert, fit und mit neuen Ideen an meinen Arbeitsplatz zurückkehre.

Freundliche Grüsse

(Unterschrift)

# Freistellung bezahlt

### Vereinbarung Bildungsurlaub

zwischen

United Technologies Corporation (UTC) AG, 8046 Zürich

und

Herrn Jan Niklas, geboren 17. Mai 1962, von Emmen/LU,
Gruppenchef des Forschungscenters Terminal One

Herr Niklas absolviert auf eigenen Wunsch nächstes Jahr eine sechs-
monatige Weiterbildung im Bereich Luft- und Raumfahrt, Kernfach:
Triebwerktechnik. Der Kurs gehört zum Employee-Scholar-Programm
ESP, welches von der UTC-Niederlassung in den USA sowie der Michi-
gan State University angeboten wird. Für die Teilnahme erfolgt eine
befristete, bezahlte Freistellung von der bisherigen beruflichen Tätigkeit, konkret vom 1. April 2006 bis 30. September 2006.

Die Arbeitgeberin beteiligt sich wie folgt an den Kosten:

| | |
|---|---|
| Hälfte des Schulgeldes von SFr. 12 000.– | SFr. 6000.– |
| Spesen pauschal (Flug, Taxen, Immatrikulation) | SFr. 4000.– |
| Total | SFr. 8000.– |

Für weitere Auslagen (Unterkunft, Verpflegung, Prüfungsgebühren)
kommt Herr Niklas selber auf. Der HR-Service der UTC Schweiz leistet
Unterstützung bei den Einreise-/Aufenthaltsformalitäten.

Anstellung, Lohn und Sozialversicherungen laufen in dieser Zeit weiter, auf der Basis eines 100%-Pensums. Die UTC AG erwartet entsprechenden Einsatz sowie das erfolgreiche Bestehen eines Diplomab-
schlusses.

Im Vorfeld verpflichtet sich Herr Niklas, den Stand seiner Auftragspro-
jekte exakt aufzuzeichnen (Ziel, Termine, Fristen etc.). Die Testphase
III für den Helikoptertyp «Spider» muss bis 28. Februar 2006 abge-
schlossen sein. Der entsprechende Rapport liegt bis 31. März 2006 der
Geschäftsleitung vor.

Für Herrn Niklas wird der Arbeitsplatz freigehalten, während seiner Abwesenheit regeln die direkt Vorgesetzten die Stellvertretung. Das Ferienguthaben für 2006 bezieht der Arbeitnehmer am Stück, während seines Bildungsurlaubs.

Herr Jan Niklas verpflichtet sich, nach der Rückkehr mindestens drei Jahre im Unternehmen zu verbleiben. Im Falle eines früheren Weggangs sind die Ausbildungskosten pro rata temporis zurückzuzahlen (Details siehe separate Vereinbarung).

Bei speziellen Vorkommnissen – z. B. Verlängerung des Aufenthalts, Abbruch oder Wechsel des Lehrgangs – verpflichtet sich Herr Niklas, unverzüglich den Leiter der Zivilen Technologie zu informieren.

Die sonstigen Konditionen des Arbeitsvertrags vom 1. April 2002 bleiben unverändert, insbesondere das Konkurrenzverbot, die Bestimmungen über Nebentätigkeiten sowie die Kündigungsfristen.


Zürich, 6. Dezember 2005


(Unterschriften)

# Urlaub unbezahlt

**Vereinbarung über einen unbezahlten Urlaub**

zwischen

Zoop AG, 1003 Lausanne

und

Frau Yvonne Müller, geboren 4. November 1970, von Vevey,
Rayonverantwortliche Lingerie im Warenhaus City

Die Zoop AG gewährt Frau Yvonne Müller 6 Monate unbezahlten Urlaub vom 1. Januar bis 30. Juni 2006 für eine Weltreise. Während dieser Zeit ist Frau Müller von sämtlichen arbeitsvertraglichen Pflichten entbunden, jegliche Lohnzahlung entfällt. Die Stellvertretung übernimmt Herr Hans Huber. Es wird vereinbart, dass Frau Müller nach ihrer Rückkehr zu den derzeit geltenden vertraglichen Bedingungen an den bisherigen Arbeitsplatz zurückkehren kann. Im Gegenzug verpflichtet sich die Arbeitnehmerin, nach Ablauf des unbezahlten Urlaubs noch mindestens ein weiteres Jahr in den Diensten der Zoop AG zu verbleiben. Dieses Kündigungsverbot gilt auch für den Arbeitgeber.

Die Arbeitnehmerin nimmt zur Kenntnis, dass die Zoop AG das Recht hat, ihren vertraglichen Ferienanspruch für 2006 pro Monat der unbezahlten Abwesenheit um $1/12$ zu kürzen.

Frau Müller hat sich über die Konsequenzen eines Unterbruchs der Erwerbstätigkeit (Altersvorsorge, Abdeckung der Risiken Invalidität, Krankheit und Unfall) informiert und die nötigen Vorkehrungen getroffen. Sollte sie während des unbezahlten Urlaubs erkranken oder aus anderen Gründen verhindert sein, die Arbeit am 1. Juli 2006 wieder aufzunehmen, ist sie verpflichtet, den Arbeitgeber unverzüglich zu informieren.

Lausanne, 20. Oktober 2005

(Unterschriften)

# Adressen und Links

Nachstehend finden Sie Adressen und Websites zum Thema Time-out, ergänzt durch Beratungsstellen zu Weiterbildung, Geld oder Sozialzeit.

## Beobachter Beratungszentrum

8021 Zürich
Tel. 043 444 54 00
www.beobachter.ch

Das Wissen und der Rat der Fachleute stehen Ihnen im Internet und am Telefon zur Verfügung (Montag bis Freitag von 9 bis 13 Uhr).
Arbeit: Tel. 043 444 54 01
Sozialversicherungen: Tel. 043 444 54 05
Konsum (inkl. Sachversicherungen): Tel. 043 444 54 03

Infoband mit Hinweis zu den übrigen Beratungsgebieten:
Tel. 043 444 54 00

HelpOnline: rund um die Uhr im Internet unter www.beobachter.ch

Wer den Beobachter abonniert hat, profitiert gratis von der Beratung. Wer kein Abo hat, kann online oder am Telefon eines bestellen und erhält sofort Zugang zu den Dienstleistungen.

## Arbeit allgemein

Schweizerischer Gewerkschaftsbund
Monbijoustrasse 6
3000 Bern 23
Tel. 031 377 01 01
www.sgb.ch

Stiftung Auffangeinrichtung BVG
Geschäftsstelle
Zurlindenstrasse 49
8003 Zürich
Tel. 043 333 36 98
www.aeis.ch

## Auslandaufenthalte

Bundesamt für Zuwanderung, Integration und Auswanderung (IMES)
Sektion Auswanderung und Stagiaires
Quellenweg 15
3003 Bern-Wabern
Tel. 031 322 42 02
www.swissemigration.ch

www.bbw.admin.ch
Das Bundesamt für Bildung und Wissenschaft erteilt Auskünfte
zu «Erasmus», Programm zur Förderung der universitären Mobilität
(Teil der EU-Bildungsinitiative «Sokrates»).

www.councilexchanges.org
Council of International Educational Exchange e. V.
Infos zu Austausch-, Studien- und Sprachprogrammen,
zusätzliche Angebote zu Reisen, Unterrichten und Kultur

www.homeexchange.com
Eine der zahlreichen Organisationen für einen zeitlich
befristeten Häusertausch. Weitere unter www.google.ch,
Suchbegriff «Home Exchange».

www.netcafeguide.com
www.worldofinternetcafes.de
Diese und weitere Links sowie nationale Verzeichnisse
führen Sie zum nächsten Login.

## Weiterbildung

Schweizerischer Verband für Weiterbildung SVEB
Oerlikonerstrasse 38
8057 Zürich
Tel. 0848 33 34 33
www.alice.ch
Bezug des Bildungspasses, auf Wunsch
mit Eintrag für Freiwilligenarbeit

Schweizerischer Verband für Berufsberatung SVB
Beustweg 14
8032 Zürich
Tel. 044 266 11 11
www.svb-asosp.ch
Verzeichnis von öffentlichen Berufs-, Studien- und IV-Beratungen,
privaten Laufbahnberatungen sowie Regionalen Arbeits-
vermittlungszentren RAV (ganze Schweiz, inklusive Fürstentum
Liechtenstein)

eduQua
Geschäftsstelle
Postfach 270
8057 Zürich
Tel. 044 311 64 55
www.eduqua.ch
Schweizerisches Qualitätszertifikat für Weiterbildungsinstitutionen.
Hier gibt es eine Liste aller zertifizierten Institutionen sowie
eine Checkliste für Konsumenten.

www.berufsberatung.ch
Schweizerische Berufsberatung im Internet, Portal für Berufswahl,
Studium, Laufbahnfragen

www.w-a-b.ch
Weiterbildungs-Angebots-Börse des Bundes

## Finanzen, Versicherungen

Arbeitsgemeinschaft Schweizer Budgetberatungsstellen
Hashubelweg 7
5014 Gretzenbach
Tel. 062 849 42 45
www.asb-budget.ch
Verzeichnis von Budgetberatungsstellen der ganzen Schweiz

Ombudsman der Privatversicherung und der SUVA
Kappelergasse 15
8022 Zürich
Tel. 044 211 30 90
www.versicherungsombudsman.ch

## Sozialzeit

BENEVOL Schweiz
Rainmattstrasse 10
3011 Bern
Tel. 031 387 71 06
www.benevol.ch
Zusammenschluss von Fach- und Vermittlungsstellen
für Freiwilligenarbeit

Senior Expert Corps / Swisscontact
Schweizerische Stiftung für technische
Entwicklungszusammenarbeit
Döltschiweg 39
8055 Zürich
Tel. 044 454 17 17
www.swisscontact.org

Service Civil International
Monbijoustrasse 32
3001 Bern
Tel. 031 381 46 20
www.sciint.org
Datenbank für Workcamps

www.sozialzeitausweis.ch
Bezug des Sozialzeitausweises

# Literatur

Nachstehend finden Sie Hinweise zu Publikationen aus dem Beobachter-Buchverlag, ergänzt durch weiterführende Literatur sowie Angaben zu früheren Publikationen der Autorin.

## Beobachter-Ratgeber

Arbeitslos – Was tun? 3. Auflage, Beobachter-Buchverlag, Zürich 2005

Bräunlich Keller, Irmtraud: Arbeitsrecht. Vom Vertrag bis zur Kündigung. 8. Auflage, Beobachter-Buchverlag, Zürich 2005

Kaiser, Christian: Lernen und arbeiten in Europa. So nutzen Sie die neuen Chancen in der EU. Beobachter-Buchverlag, Zürich 2003

Ursenbacher, Ruedi: Richtig versichert. Haftpflicht-, Hausrat-, Auto- und andere Versicherungen im Überblick. 8. Auflage, Beobachter-Buchverlag, Zürich 2005

Winistörfer, Norbert: Ab ins Ausland! Im Ausland leben, reisen, studieren, arbeiten. 5. Auflage, Beobachter-Buchverlag, Zürich 2003

Winistörfer, Norbert: Ich mache mich selbständig. Von der Geschäftsidee zur erfolgreichen Firmengründung. 10. Auflage, Beobachter-Buchverlag, Zürich 2005

Zellweger, Regula: Berufliche Perspektiven ab 40. Die eigene Laufbahn gestalten – ein praktischer Leitfaden. 3. Auflage, Beobachter-Buchverlag, Zürich 2004

Zellweger, Regula: So positionieren Sie sich im Berufsleben. Wie ein persönliches PR-Konzept Erfolg bringt. Beobachter-Buchverlag, Zürich 2003

Zellweger, Regula: Lust auf Weiterbildung. So treffen Sie die richtige Wahl. Beobachter-Buchverlag, Zürich 2004

## Zusätzliche Literatur

Ammann, Karin; Böhringer, Peter: Time in, Time out. Kreative Auszeit – Erfolgreiche Rückkehr. Books on Demand, vergriffen

Ammann, Karin: Das Lohngespräch. KV Schweiz, Zürich 2002

De Botton, Alain: Die Kunst des Reisens. S. Fischer Verlag GmbH, Frankfurt 2003

Ettlin, Toni; Meier-Dallach, Hans-Peter u. a.: SeitenWechsel. Lernen in anderen Arbeitswelten. Orell Füssli Verlag AG, Zürich 2003

Enzensberger, Hans Magnus: Nie wieder! Die schlimmsten Reisen der Welt. Eichborn AG, Frankfurt 1995

Glaubitz, Uta: Jobs für Weltenbummler und Globetrotter. Machen Sie Ihr Fernweh zum Beruf. Campus Verlag GmbH, Frankfurt 2001

Hess, Barbara: Sabbaticals. Auszeit vom Job – wie Sie erfolgreich gehen und motiviert zurückkommen. Frankfurter Allgemeine Buch, Frankfurt 2002

Hope, Dlugozima; Scott, James; Sharp, David: Six Month Off. Henry Holt & Co., New York 1996

Marburger, Dietmar: Aussteigen! Kreative Denkpausen und Auszeiten planen. Entscheidungshilfe und Ratgeber. Metropolitan Verlag GmbH, Regensburg 2002

Massow, Martin: Gute Arbeit braucht ihre Zeit. Die Entdeckung der kreativen Langsamkeit. Heyne Ullstein Verlag, München 1999

Münch, Bettina: Auszeit! Lifting für die Seele. Krüger Verlag, Frankfurt 2003

Proust, Marcel: Auf der Suche nach der verlorenen Zeit. Frankfurter Ausgabe. Suhrkamp Verlag, Frankfurt 2002

Reuther, Heike: Berufliche Auszeit. So einfach ist der Ausstieg auf Zeit. So kehren Sie erfolgreich zurück. Gräfe und Unzer Verlag GmbH, Frankfurt 2002

Richter, Anke: Aussteigen auf Zeit. Das Sabbatical-Handbuch. VGS Verlagsgesellschaft mbH, Köln 2002

Schuber, Renate; Littmann-Wernli, Sabina; Tingler, Philipp: Corporate Volunteering. Unternehmen entdecken die Freiwilligenarbeit. Haupt Verlag AG, Bern 2002

Von Sydow, Momme; Staschen, Heiner; Többe, Sandra: Handbuch Studium und Praktikum im Ausland. Austauschprogramme, Stipendien, Sprachkurse. Eichborn AG, Frankfurt 2004

Zdral, Wolfgang: Arbeit, Auszeit, Ausstieg. Individuelle Vermögens-strategien für mehr Lebensqualität. Econ-Verlag, München 2002